AF634174

Abitur Skript

Geographie

Gymnasium

Sachsen

STARK

Inhalt

Globale Disparitäten und Verflechtungen

Ressourcen und ihre Nutzung

Landschaftszonen

Globale Bevölkerungsentwicklung

Verstädterung

Stadt in Deutschland

Autor: Frank Morgeneyer

Vorwort

Liebe Schülerinnen und Schüler,

in diesem handlichen Skript finden Sie alle wesentlichen Inhalte, die Sie im Fach **Geographie** im mündlichen oder schriftlichen Abitur beherrschen sollten. Es führt Sie systematisch durch den **prüfungsrelevanten Stoff**, den das sächsische Kultusministerium im Lehrplan festgelegt hat.
Durch seinen klar strukturierten Aufbau eignet sich dieses Skript besonders zur Auffrischung und Wiederholung des Prüfungsstoffs kurz vor dem **mündlichen und schriftlichen Abitur:**

- Im **Inhaltsverzeichnis** finden Sie schnell die einzelnen Kapitel zu den Themen der Jahrgangsstufen 11 und 12.
- **Definitionen** sind durch einen grauen Balken am Rand gekennzeichnet. Wichtige Begriffe werden durch **Fettdruck** hervorgehoben.
- **Abbildungen** und **tabellarische Übersichten** veranschaulichen den jeweiligen Lerninhalt.
- **Beispiele** konkretisieren das allgemein Gesagte und stellen mögliche Musterlösungen dar.
- **Tipps** sollen Sie beim erfolgreichen Bestehen der Abiturprüfung unterstützen.
- Im **Stichwortverzeichnis** finden Sie alle wichtigen Fachbegriffe.

In diesem Skript wird das Basiswissen dargestellt. Vertiefen und ergänzen Sie dieses mit Inhalten und Beispielen aus Ihrem Geographieunterricht sowie Nachschlagewerken oder Erklärfilmen. Üben Sie die methodischen Abläufe der mündlichen und schriftlichen Abiturprüfung in Absprache mit Ihrer Geographielehrkraft.

Viel Erfolg beim Lernen mit diesem Buch!

Frank Morgeneyer

Geodynamische Prozesse

1 Aufbau des Erdkörpers

1.1 Zusammensetzung der Schalen

Der Erdkörper setzt sich aus drei großen **Schalen** zusammen: Erdkruste, Erdmantel und Erdkern. Die einzelnen Schalen können weiter ausdifferenziert werden *(vgl. Abb.)*.

Mit Bohrungen ließ sich das Innere des Erdkörpers nur bis in Tiefen von rund zwölf Kilometern erkunden. Die Erkenntnisse zum **Schalenbau der Erde** wurden aus dem Verhalten von Erdbebenwellen gewonnen: Je größer die Dichte der Gesteine, desto höher ist die Geschwindigkeit der seismischen Wellen. Daraus ließ sich schlussfolgern, dass sich mit zunehmender Tiefe die Eigenschaften des Erdkörpers hinsichtlich seiner Dichte, Temperatur und chemischen Zusammensetzung ändern.

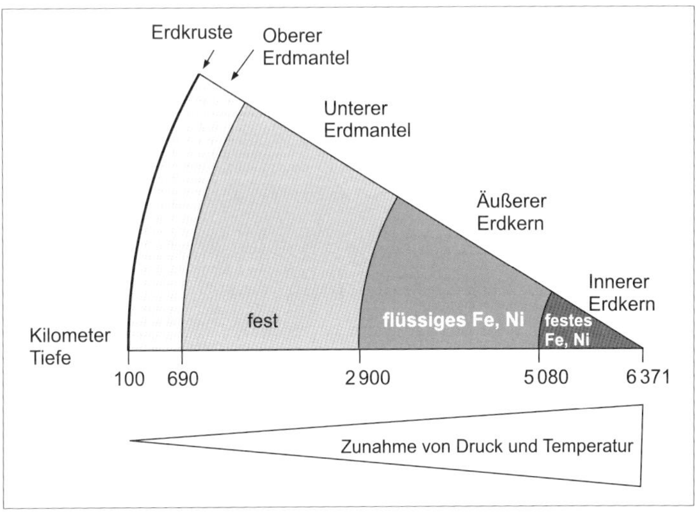

Aufbau des Erdkörpers

Erdkruste	Gewinnung von Bodenschätzen
Erdmantel	Antriebskräfte für die Plattentektonik, die zu Erdbeben und Vulkanismus führen
Erdkern	Erzeugung des Magnetfelds der Erde, das die energiereiche Strahlung der Sonnenwinde ablenkt

Bedeutung der Schalen für den Menschen

1.2 Diskontinuitäten

Die Erdkruste gliedert sich hinsichtlich ihrer Mächtigkeit, Dichte und chemischen Zusammensetzung in die **kontinentale Kruste** (geringere Dichte, 30 bis 80 km mächtig, besteht v. a. aus Granit und Gneis) und die **ozeanische Kruste** (höhere Dichte, 5 bis 8 km mächtig, besteht v. a. aus Basalt und Gabbro).
In den Übergangsbereichen zwischen den Erdschalen, den **Diskontinuitäten**, ändern sich die physikalischen Eigenschaften sprunghaft. Die Moho-Diskontinuität grenzt die Erdkruste vom oberen Erdmantel ab. Die Gesteine unterhalb der Moho-Diskontinuität haben zunächst weiter einen festen Aggregatzustand. Das gesante feste Gesteinspaket bildet die **Lithosphäre**.

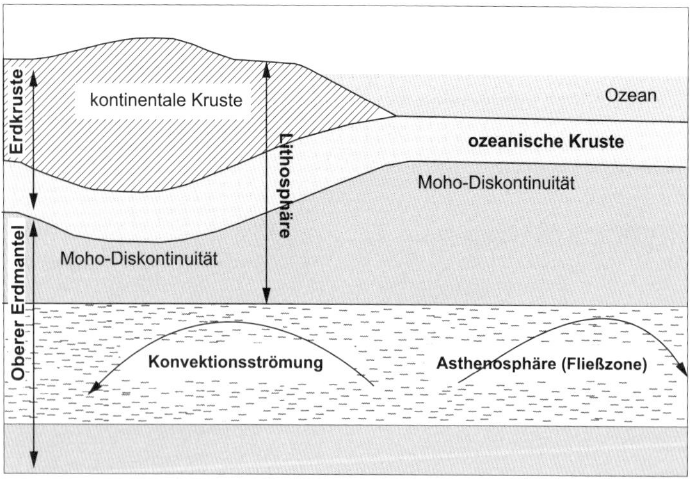

Erdkruste und oberer Mantel

In einer Tiefe von 60 bis 200 km führen die Druck- und Temperaturverhältnisse dazu, dass die Gesteine einen plastisch verformbaren Zustand besitzen. Sie bilden im oberen Erdmantel die etwa 100 bis 200 km mächtige **Asthenosphäre** (Fließzone).
Konvektionsströme im Erdmantel sorgen für ein ständiges Umwälzen in der fließfähigen Asthenosphäre und für den Wärmetransport von unten nach oben. Konvektionsströmungen im Erdmantel verursachen die **Kontinentaldrift**, die schnelle Konvektionsströmung im äußeren Erdkern das Magnetfeld der Erde.

2 Grundzüge der Plattentektonik

2.1 Theorie der Plattentektonik

Alfred Wegener begründete Anfang des 20. Jahrhunderts die Theorie der Kontinentalverschiebung (**Kontinentaldrift**), die zur **Theorie der Plattentektonik** weiterentwickelt wurde. Mit dieser Theorie lassen sich viele der an der Erdoberfläche durch **endogene Kräfte** verursachten Prozesse wie Erdbeben, Vulkanismus oder Gebirgsbildung erklären. Demnach ist die **Lithosphäre** in große und kleine Platten gegliedert, die sich auf der **Asthenosphäre** relativ zueinander bewegen.

Die Verteilung von Kontinenten und Ozeanen verändert sich mit den Plattenbewegungen ständig. Im Unterschied zur leichteren **kontinentalen Kruste** entsteht **ozeanische Kruste** immer wieder neu bzw. wird immer wieder abgebaut.
Im Laufe der Erdgeschichte kam es zur Bildung von Großkontinenten, bei der alle kontinentalen Krustenteile zusammenhingen (z. B. Pangäa).

TIPP Sie finden in allen gängigen Schulatlanten eine oder mehrere Karten, in denen die **Lithosphärenplatten** und ihre Bewegungen zueinander sowie deren Auswirkungen dargestellt sind. Nutzen Sie diese bei der Vorbereitung sowie während der Abiturprüfung.

Konvergenz (= destruktive Plattenränder) *Platten bewegen sich aufeinander zu*		**Beispiele**
Ozean-Ozean-Subduktion *(siehe S. 6)*	Tiefseegräben, Inselketten, Vulkanismus, Erdbeben, Tsunamis	Marianengraben, Philippinen
Ozean-Kontinent-Subduktion	Gebirgsbildung, Tiefseegräben, explosiver Vulkanismus, Erdbeben	Anden, Atacamagraben
Kontinent-Kontinent-Kollision	Gebirgsbildung, Hebung, Faltung, Bruchtektonik, Erdbeben	Himalaya, Alpen
Divergenz (= konstruktive Plattenränder) *Platten bewegen sich voneinander weg*		
Ozean (Seafloor-Spreading)	Ozeanische Rücken, effusiver Vulkanismus, Black Smoker	Mittelatlantischer Rücken
Kontinent	Grabenbruch, Verwerfung, Erdbeben, Vulkanismus	Oberrheingraben
Transformbewegungen (= konservierende Plattenränder) *Platten bewegen sich aneinander vorbei*		
Horizontalverschiebung, z. B. Ozean/Kontinent	Verwerfung, Bruchspalten, Erdbeben	San-Andreas-Verwerfung

Arten des Zusammentreffens von Lithosphärenplatten *(siehe auch Abb. S. 8)*

Als **Antriebskräfte** der Lithosphärenplatten-Bewegungen gelten:

- Konvektionsströmungen in der Asthenosphäre
- Rückendruck: Die Platten bewegen sich aufgrund der Gravitation von den Mittelozeanischen Rücken weg.
- Plattenzug: Die absinkende ozeanische Kruste zieht die Platte mit sich in die Tiefe.

2.2 Erdbeben und Vulkanismus

Erdbeben und Vulkanismus treten zumeist an den **Plattengrenzen** auf.

Erdbeben

Durch die Plattenbewegungen kommt es zu Spannungen und Verhakungen zwischen den festen Lithosphärenplatten. Sie lösen sich plötzlich und führen zur horizontalen und vertikalen Verschiebung der Erdkruste, die sich als **Erdbeben** an der Oberfläche äußern.

Vulkanismus

Gesteinsschmelzen im oberen Erdmantel entstehen unter besonderen Druck- und Temperaturverhältnissen bzw. spezifischer chemischer Zusammensetzung. So kommt es durch Druckentlastung an den Mittelozeanischen Rücken bzw. bei der Subduktion der ozeanischen Kruste, die Wasser eingelagert hat, zur **Magmabildung**. Gelangt das Magma durch Schwächezonen in der Erdkruste, erkaltet es innerhalb dieser großen Tiefengesteinskörper (**Plutone**) oder erreicht über Vulkane als **Lava** die Erdoberfläche.

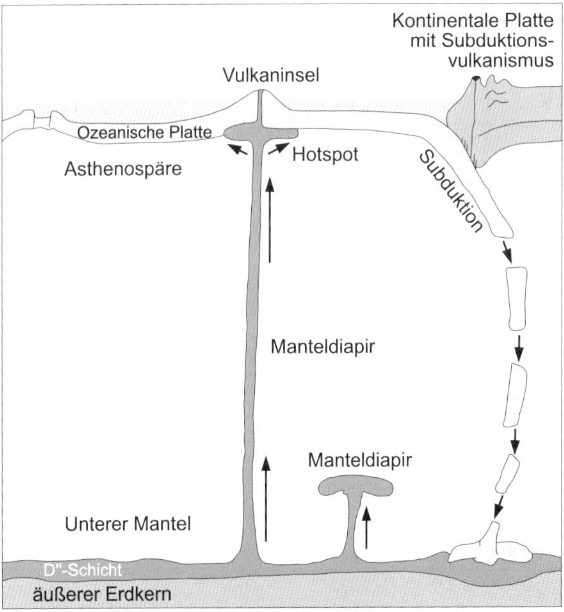

Tiefenprofil mit Manteldiapiren und Hotspot-Vulkanismus

Die Entstehung der **Vulkane** innerhalb der Lithosphärenplatten wird mit der **Hotspot-Theorie** erklärt: Heißes Material steigt von der Erdmantel-Erdkern-Zone als **Manteldiapir** („**Plume**") auf. Da sich die Platten über diesen relativ ortsfesten Hotspots bewegen, bilden sich oft Tausende Kilometer lange Vulkanketten wie die Hawaii-Inseln. Die **D''-Schicht** ist die Übergangszone zwischen Erdmantel und Erdkern.

Subduktion ist ein plattentektonischer Prozess, bei dem die spezifisch schwerere ozeanische Lithosphäre am Rand einer tektonischen Platte unter die leichtere kontinentale Lithosphäre taucht.

2.3 Wilson-Zyklus

Der Wilson-Zyklus beschreibt die **Entstehung**, die **Entwicklung** und das **Verschwinden eines Ozeans**. Mit diesem Idealmodell lassen sich gegenwärtige plattentektonische Prozesse einordnen und erklären.

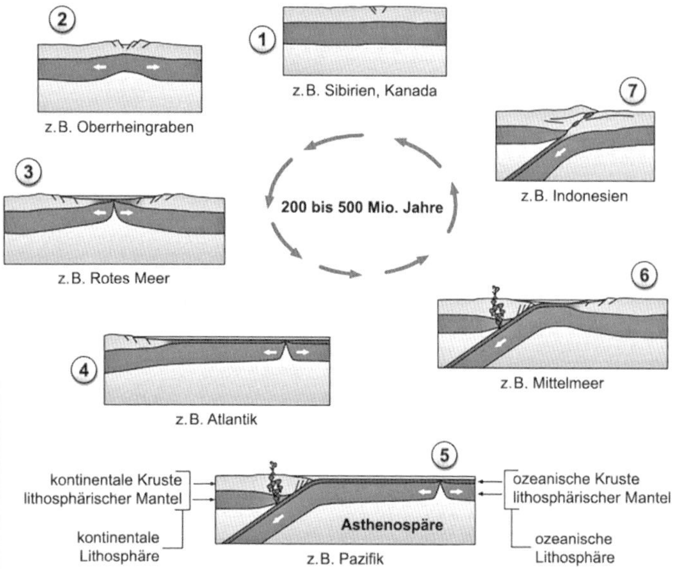

① Tektonische Ruhe: *Vorhandene Gebirge werden bzw. sind abgetragen.*
② Aufwölbung kontinentaler Kruste durch Manteldiapir oder Konvektionsströme: *Grabenbildung setzt ein.*
③ Grabenverbreiterung durch beginnendes Seafloor-Spreading: *Meerwasser dringt ein.*
④ Ausbildung des Mittelozeanischen Rückens: *Meer wird zum Ozean.*
⑤ Beginnende Subduktion ozeanischer Kruste: *Tiefseerinnen und Küstengebirge entstehen.*
⑥ Endende Subduktion ozeanischer Kruste: *Ozean ist auf Restmeer geschrumpft.*
⑦ Kollision kontinentaler Krustenteile: *Falten- und Deckengebirge bilden sich.*

3 Gebirgsbildungsprozesse

Das größte Gebirgssystem der Erde liegt unter dem Meeresspiegel: Der durch Vulkanismus entstandene **Mittelozeanische Rücken** durchzieht auf einer Länge von mehr als 60 000 km alle Ozeanbecken.
Die Gebirge der Kontinente können in **Falten- und Deckengebirge** sowie **Bruchschollengebirge** gegliedert werden.

3.1 Falten- und Deckengebirge

Faltengebirge

Faltengebirge entstehen an konvergenten Plattengrenzen. Bei der Kollision werden die Gesteine der beiden Platten verformt und angehoben. Dabei kommt es zu einer Verdickung der Erdkruste und zum isostatischen Aufstieg des Gesteinspakets zu einem Hochgebirge.

Isostasie ist das physikalische Prinzip des Schwimmgleichgewichts. Erdkrustenteile mit größerem Volumen tauchen tiefer in die Asthenosphäre ein, ragen gleichzeitig aber auch weiter über das Meeresspiegelniveau als Gebirge hinaus.

Deckengebirge

Werden durch tektonischen Druck Gesteinskörper über andere geschoben, entstehen **Deckengebirge**.

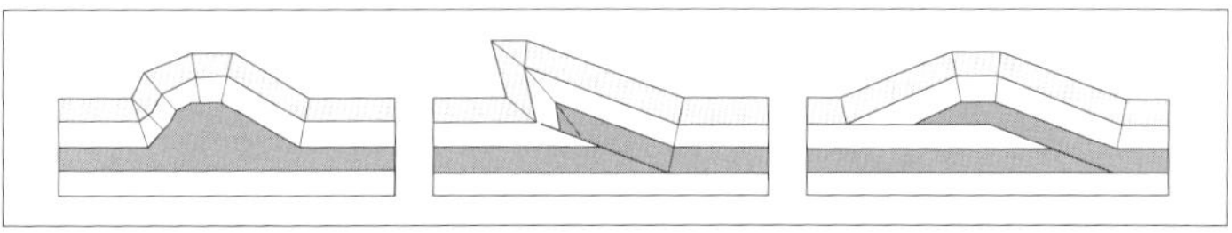

Von der Faltung zur Deckenüberschiebung

Im Lauf der Erdgeschichte gab es drei große **Gebirgsbildungsphasen:** die älteste kaledonische, die variskische und die bis heute ablaufende alpidische Gebirgsbildung. Sie lassen sich zeitlich in der geologischen Zeittafel *(siehe S. 15)* einordnen.

Variantan von konvergierenden Plattengrenzen

Konvergierende Plattengrenzen werden in drei Typen unterschieden.

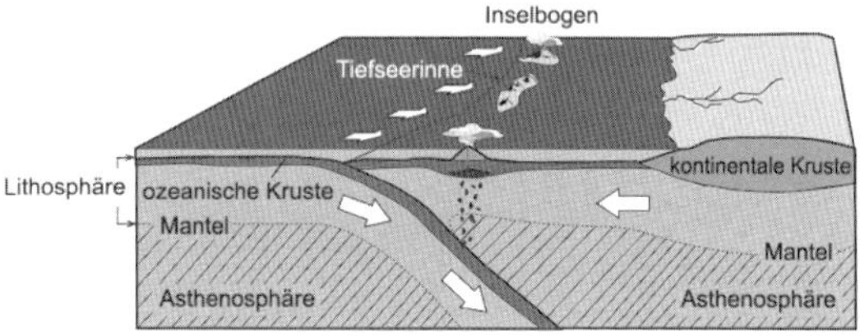

Kollision zweier ozeanischer Platten mit Subduktion der älteren unter die jüngere. Es kommt zum Magmaaufstieg und Vulkanismus. Es entsteht ein Inselbogen sowie eine Tiefseerinne (Beispiele: Japan, Philippinen).

Inselbogentyp/Japantyp

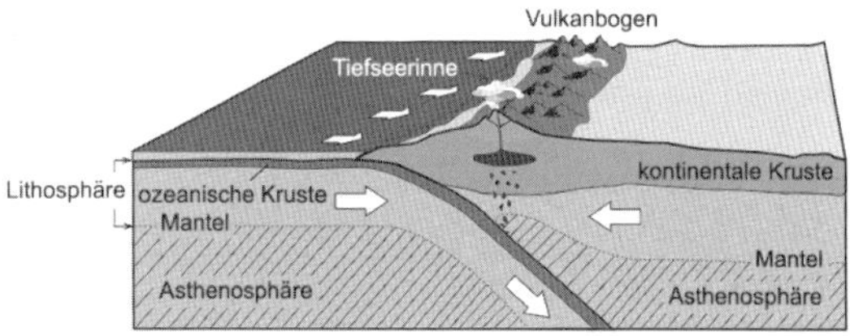

Sedimente der abtauchenden Platte werden abgeschabt und zu mächtigen Gesteinspaketen aufgefaltet. Sie werden von aufsteigendem Magma durchdrungen und bilden an der Erdoberfläche Stratovulkane aus. Vor der Küste entsteht eine Tiefseerinne (Beispiel: Anden).

Andiner Typ

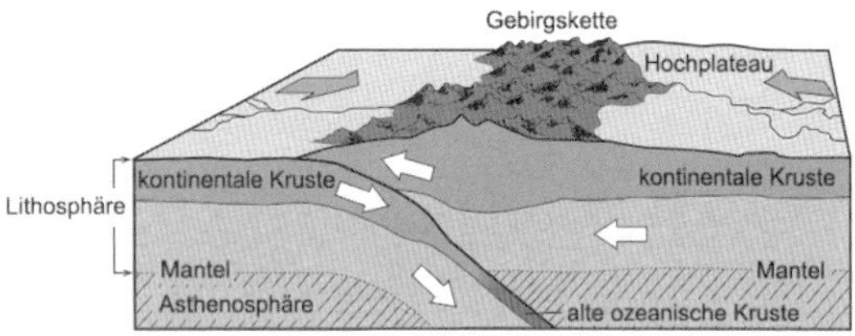

Sedimente des ehemaligen zwischen den kontinentalen Platten liegenden Ozeans sowie Krustenmaterial werden aufgefaltet und überschoben. Die Krustenverdickung führt zur isostatischen Heraushebung hoher Gebirge. Die Bildung von Magma ist vergleichsweise gering (Beispiele: Alpen, Himalaya).

Alpiner Typ

Beispiel

Vor der Westküste Sumatras (Indonesien) wird die dichtere ozeanische Lithosphärenplatte der Indisch-Australischen Platte unter die leichtere Chinesische Platte subduziert. Dabei entsteht der Sumatra-Graben als **Tiefseerinne**.

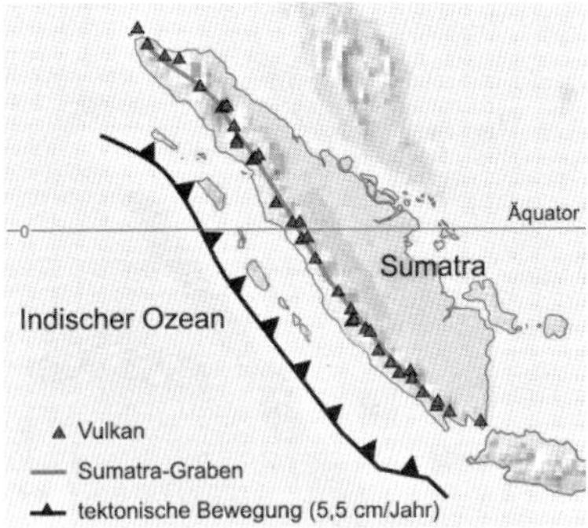

Plattentektonik und Folgen in Sumatra

Durch die gegenläufige konvergierende Bewegung der beteiligten Platten kommt es zu Spannungen in der Erdkruste, sodass die Gefahr von Erdbeben und **Tsunamis** groß ist. In den tieferen Regionen der Subduktionszone entsteht Magma, das zum aktiven Vulkanismus und zur Bildung der Vulkankette auf Sumatra führt. Gleichzeitig bilden sich durch die Kollision der beiden Platten eine vorgelagerte Inselkette sowie **Faltengebirge** an der Westküste der Insel.

3.2 Bruchschollengebirge

Bruchschollengebirge: Gelangen alte gefaltete bzw. harte Gesteine unter tektonischen Druck, zerspringen die Gesteinspakete in verschieden große Bruchschollen. Im Weiteren werden diese zu Mittelgebirgen angehoben und zu Becken abgesenkt. An den Grenzflächen der Bruchschollen, den **Verwerfungen**, kann Magma aufsteigen und Vulkane können entstehen.

Beispiel

In Mitteleuropa kam es infolge der plattentektonischen Prozesse im Karbon zur Faltengebirgsbildung des Variskischen Gebirges. Das bis zu 4 000 m hohe Gebirge wurde im Mesozoikum durch exogene Prozesse nahezu vollständig abgetragen. Meeresbedeckung sowie Fließgewässer lagerten mächtige Sedimentpakete auf der entstehenden flachwelligen Ebene ab (*vgl.* ①, ②). Im Zuge der konvergenten Plattenbewegung von Afrikanischer und Eurasischer Platte im Tertiär geriet das Gesteinspaket erneut unter tektonischen Druck und zerbrach in Bruchschollen (*vgl.* ③). Mit der Anhebung der **Bruchscholle des Erzgebirges** begann die Abtragung der Sedimentdecken in den Höhenlagen, sodass heute die ehemals tief liegenden, alten Gesteine des Variskischen Gebirges an der Oberfläche anstehen.

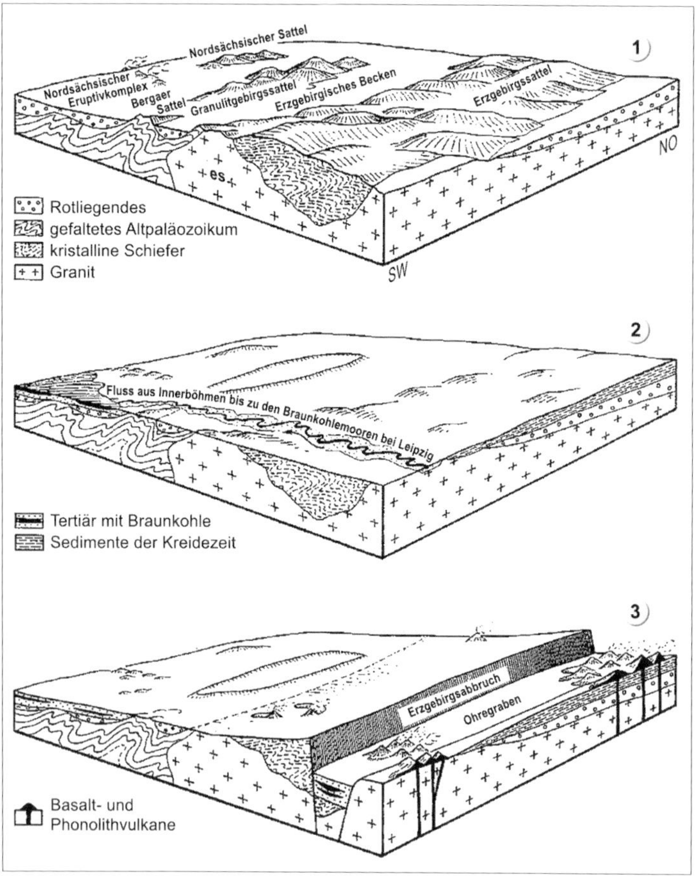

Entstehung des Erzgebirges

3.3 Plattentektonische Profilskizzen

Um Profilskizzen auszuwerten, müssen Sie:

- den zu bearbeitenden Raum lokalisieren,
- diesen Raum auf Tektonik-Karten im Atlas einordnen,
- die plattentektonische Situation und die vorherrschenden Prozesse erläutern.

Beispiel

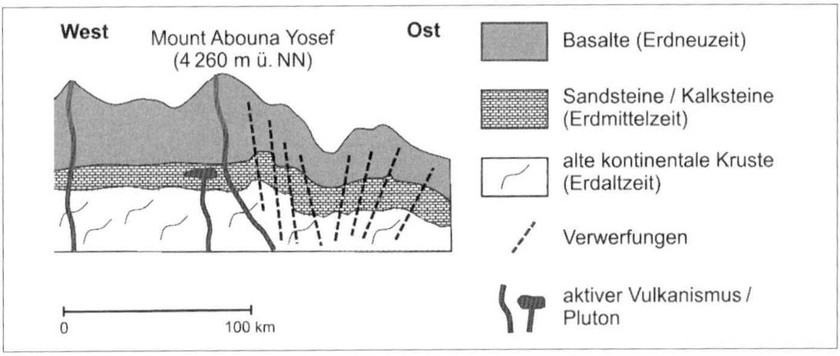

Geologische Profilskizze der Region Mount Abouna Yosef (Äthiopien, westlich der Stadt Lalibela)

Das Profil zeigt einen etwa 200 km breiten West-Ost-Schnitt durch das **Äthiopische Hochland**. Die Region befindet sich auf der Afrikanischen Platte im Bereich des Ostafrikanischen Grabenbruchs. Über der alten kontinentalen Kruste liegen Sedimentgesteine aus der Erdmittelzeit und darüber eine mächtige Basaltdecke aus der Erdneuzeit. Die Gesteine sind im Westen des Profils von Magmagängen durchzogen, die zu Vulkanismus führen bzw. einen Pluton in den Sedimenten bilden. Die Region befindet sich im Bereich eines kontinentalen Grabenbruchs, der zu den Verwerfungen im östlichen Bereich und zur Ausbildung eines Rifts führt. Auslösende Kraft ist ein aus der D''-Schicht gespeister Manteldiapir, der auch den Vulkanismus und die Entstehung der Basaltdecke zur Folge hat.

4 Gesteine

4.1 Gesteinsgruppen und ihre Entstehung

Gesteine sind ein Gemenge von Mineralien, Gesteinsbruchstücken, anorganischen Verbindungen oder Rückständen von Organismen mit einem weitgehend konstanten Mischungsverhältnis. Sie können nach ihrer Entstehung klassifiziert werden, aus der sich Erkennungsmerkmale ableiten lassen.

Magmatite	Entstehung / Erkennungsmerkmale	Beispiele
Tiefengesteine / Plutonite	Ausgangspunkt ist das Eindringen von Magma in tiefere Gesteinsschichten (**Intrusion**). Da es dort nur sehr langsam abkühlt, bilden sich große, mit bloßem Auge sichtbare Minerale aus, die unregelmäßig angeordnet sind.	Granit
Ergussgesteine / Vulkanite	Gelangt Magma an die Oberfläche, fließt es als Lava aus und erkaltet schnell. Daher ist die Mineralbildung nur gering ausgeprägt. Mineralien sind mit bloßem Auge nicht sichtbar, sodass diese Gesteine eine einheitliche Grundmasse bilden.	Basalt

Magmatische Gesteine

Sedimente	Entstehung / Erkennungsmerkmale	Beispiele
Klastische Sedimente	Wird erodiertes Gesteinsmaterial durch Wasser, Eis oder Wind verfrachtet und wieder abgelagert, entsteht **Lockersediment**.	Sande, Löss
	Lagern sich immer mehr Schichten ab, verfestigen sich die unteren Lagen zu **Festsedimenten**.	Sandstein
Chemische Sedimente	Gesteine, die aus wässrigen Lösungen ausfallen, z. B. bei der Verdunstung von salzhaltigem Wasser oder Änderung im pH-Wert des Wassers. Oft ist die Abgrenzung von organisch und anorganisch ablaufenden Fällungsprozessen schwierig.	Salz, Gips
Biogene Sedimente	Ablagerungsgesteine, die überwiegend unter Beteiligung von Organismen gebildet werden oder aus Organismenresten bestehen. Sie können mehr oder weniger gut sichtbare Fossilien enthalten.	Kalkstein, Kohle

Sedimentgesteine

Metamorphite	Entstehung / Erkennungsmerkmale	Beispiele
	Gesteine, die durch tektonische Kräfte, z. B. bei Gebirgsbildungen, unter hohen Druck geraten (**Regionalmetamorphose**) oder in die Nähe großer Hitzequellen, z. B. ins Umfeld von Magmakammern, gelangen (**Kontaktmetamorphose**) und dabei chemisch umgewandelt werden. Erkennbar sind sie u. a. an einer gebänderten Ausrichtung der Mineralien bzw. schiefrigen Strukturen.	Gneis, Schiefer

Metamorphe Gesteine

Beispiel

Gestein A

Gestein B

Gestein A

- Beschreibung: Es sind verschiedene Mineralien unterschiedlicher Größe sichtbar. Sie bilden kein Muster aus.
- Zuordnung: Es handelt sich um ein magmatisches Tiefengestein.

Gestein B

- Beschreibung: Es sind keine Mineralien erkennbar. Das Handstück besitzt eine plattenartige, horizontale Struktur.
- Zuordnung: Aufgrund seiner Schieferung handelt sich um ein metamorphes Gestein. Es könnte aber auch ein klastisches Sedimentgestein sein, dann würde das Muster aus der Schichtung der Ablagerungen resultieren.

TIPP Versuchen Sie bei der **Bestimmung von Gesteinen** ein vorgelegtes Handstück genau zu beschreiben, insbesondere die Struktur der Mineralien. Schlussfolgern Sie daraus eine Zuordnung zu einer Gesteinsgruppe und begründen Sie diese; unter Umständen verweisen Sie auf eine zweite Möglichkeit.

4.2 Gesteinskreislauf

Gesteine bestehen in ihrer Zusammensetzung und Struktur nicht ewig. Sie stehen in einem Kreislauf und können durch **endogene** und **exogene Vorgänge** von einer Gruppe in eine andere Gruppe umgewandelt werden.

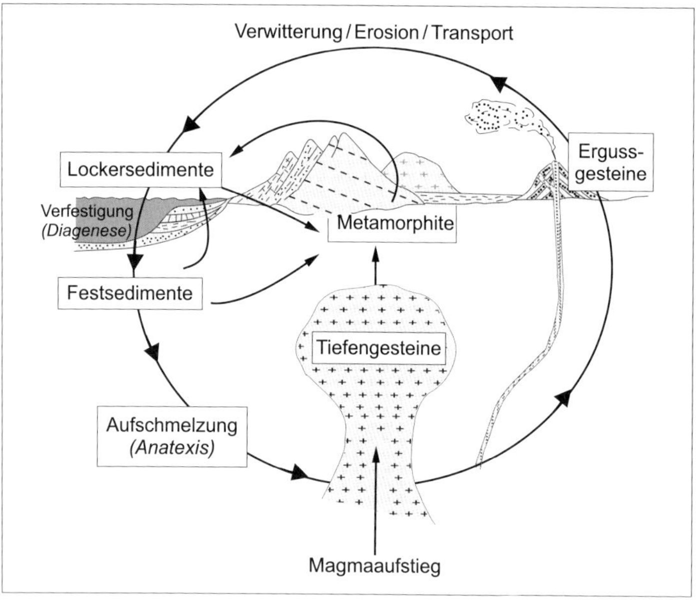

Gesteinskreislauf

4.3 Geologische Zeittafel

Aus der Verteilung, den Lagerungsverhältnissen, dem Alter und den Eigenschaften der Gesteine lassen sich die ca. 4,6 Milliarden Jahre der **Erdgeschichte** mit einer festen Erdkruste rekonstruieren. Dieser sehr lange Zeitraum wird in der stratigraphischen Tabelle bzw. geologischen/erdgeschichtlichen Zeittafel gegliedert.

- Das älteste und längste Erdzeitalter (Ära) ist das **Präkambrium** (Erdfrühzeit).
- Mit dem Auftreten der ersten vielzelligen Organismen vor etwa 542 Millionen Jahren beginnt das Erdzeitalter des **Paläozoikums** (Erdaltzeit).
- In der zeitlichen Reihenfolge schließen sich das **Mesozoikum** (Erdmittelzeit)
- und zuletzt das **Känozoikum** (Erdneuzeit) an.

Diese großen Zeitabschnitte werden weiter untergliedert und ermöglichen damit eine genauere zeitliche Einordnung geologischer Ereignisse (z. B. Gebirgsbildungen, Entstehungszeit von Gesteinen).

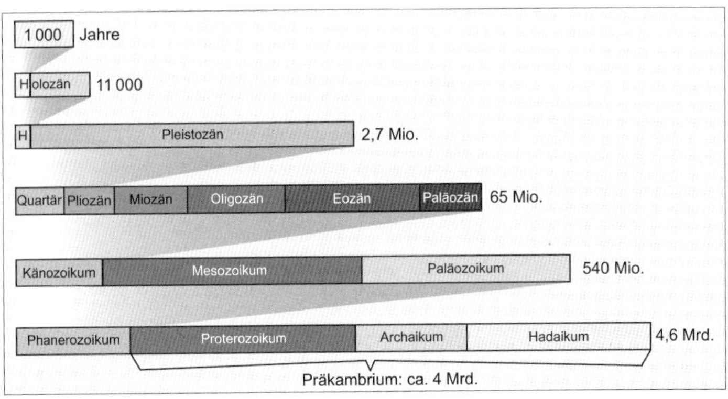

Geologische Zeittafel

TIPP Da die **geologische Zeittafel** in allen Schulatlanten abgebildet ist, müssen Sie nicht alle Begriffe auswendig lernen. Üben Sie jedoch das Lesen der Zeittafel.

Beispiel

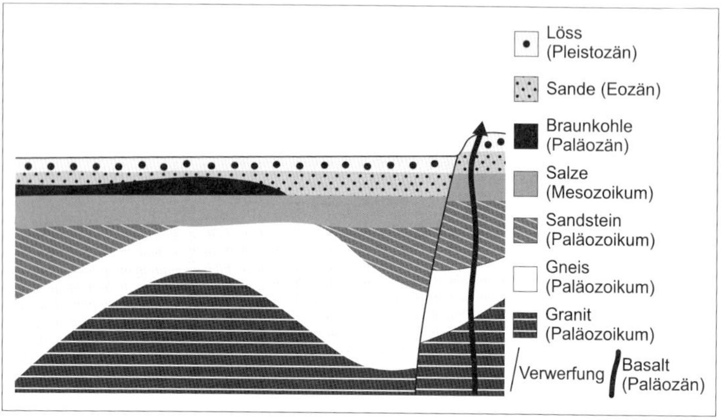

Lagerungsverhältnisse und Gesteinsarten

Im Untergrund befinden sich die ältesten Gesteine aus dem **Paläozikum**; sie wurden gefaltet und gehören zur Gruppe der magmatischen Tiefengesteine (Granit) und Metamorphite (Gneis). In den Mulden hat sich während der Erdaltzeit das klastische Sediment Sandstein abgelagert. Durch exogene Prozesse kam es zur Einebnung. Darauf lagerte sich im **Mesozoikum** das chemische Sediment Salz ab. Im weiteren zeitlichen Verlauf entstand das biogene Sediment Kohle, das im Lockersediment Sand eingelagert ist. Die obere Schicht besteht aus dem Lockersediment Löss aus der letzten Kaltzeit. Das Gesteinspaket wurde im **Paläozän** durch einen Vulkan durchbrochen. Hier herrscht das Ergussgestein Basalt vor. Durch tektonische Prozesse im Zuge der **Bruchschollengebirgsbildung** kam es zur Verwerfung des gesamten Gesteinspaketes.

TIPP Bei Abituraufgaben zu geodynamischen Prozessen wird Ihnen häufig ein Material (Profil, Karte) vorgelegt. Verorten Sie zunächst die Situation – in der mündlichen Prüfung an der Wandkarte. Beschreiben Sie dann das Material und erläutern Sie anschließend die Entstehung bzw. das dargestellte Problem.

Atmosphärische Prozesse

1 Grundlagen atmosphärischer Prozesse

1.1 Aufbau der Atmosphäre

Die Atmosphäre hat eine **Schutzfunktion** für das Leben auf der Erde.

- Sie reflektiert bzw. absorbiert energiereiche Strahlung aus dem Weltall.
- Sie lässt Meteoriten verglühen.
- Sie hält mit dem natürlichen Treibhauseffekt die Lufttemperaturen an der Erdoberfläche im globalen Mittel über der Nullgradgrenze.
- Sie ermöglicht den Wasserkreislauf.

Die Lufthülle der Erde lässt sich in verschiedene **Stockwerke** gliedern, deren Einteilung auf dem Temperaturverhalten beruht. Stofflich besteht die Atmosphäre hauptsächlich aus **Stickstoff** und **Sauerstoff**. Das restliche Prozent wird durch **Spurengase**, z. B. Edelgase, Kohlenstoffdioxid und Methan, gebildet.

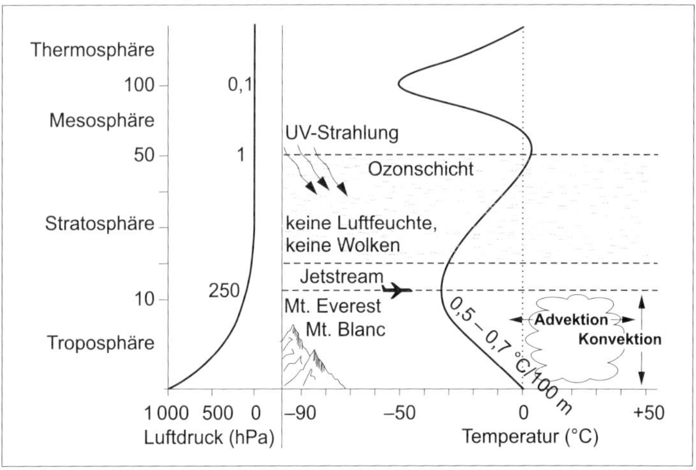

Stockwerkbau der Atmosphäre

1.2 Strahlungs- und Wärmehaushalt

Strahlung kann **reflektiert** (ohne Energieumsatz von einem Medium zurückgestrahlt), **absorbiert** (im Medium aufgenommen) oder **emittiert** (vom Medium abgestrahlt) werden. Der Anteil reflektierter Strahlung hängt von der **Albedo** ab. Je heller eine Oberfläche, desto größer ist die Albedo und damit der reflektierte Anteil.

Strahlungshaushalt

Der Strahlungshaushalt betrachtet den **Energieumsatz** zwischen Weltraum, Atmosphäre und Erdoberfläche. Die von der Sonne emittierte kurzwellige Strahlung trifft auf die Atmosphäre. Beim Strahlungsdurchgang wird ein Teil an Aerosolen und Wolken in den Weltraum reflektiert und ein weiterer Teil von der Atmosphäre absorbiert. Der restliche, auf die Erdoberfläche treffende Strahlungsanteil wird an der Erdoberfläche zu einem Teil ohne Energieumsatz reflektiert und zum anderen Teil absorbiert.

Die von der Erdoberfläche aufgenommene absorbierte Globalstrahlung wird als langwellige Strahlung wieder abgegeben. Dabei gelangt nur ein Teil direkt in den Weltraum. Die restliche Energiemenge wird von den Treibhausgasen der Atmosphäre (u. a. Kohlen-

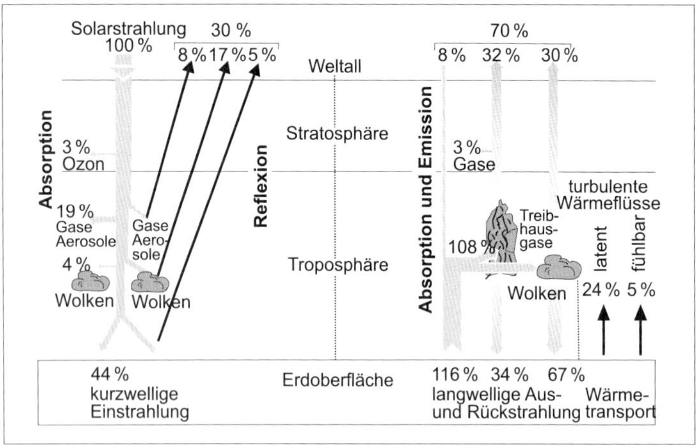

Strahlungshaushalt der Erde

stoffdioxid, Methan, FCKW) und Wasserdampf sowie Wolken absorbiert und wieder zur Erdoberfläche bzw. zu einem geringen Anteil ins Weltall abgegeben. Der zusätzliche Energiegewinn, der aus dem natürlichen Treibhauseffekt resultiert, wird durch den fühlbaren und latenten Wärmestrom ausgeglichen.
Das System der langwelligen Strahlungsbilanz zwischen Erdoberfläche und Atmosphäre wird als **natürlicher Treibhauseffekt** bezeichnet.

Aufgrund der Kugelgestalt der Erde ist der kurzwellige Energiegewinn der Erdoberfläche von der **Lage im Gradnetz** abhängig. Der daraus resultierende Einstrahlungswinkel der Sonne beeinflusst die Länge des Weges durch die Atmosphäre sowie die Größe der Fläche, die beschienen wird. Dadurch variieren die Tageslängen im Jahresverlauf entsprechend der Breitenlage mehr oder weniger stark (z. B. Polartag, Polarnacht).

	21. 3.	21. 6.	23. 9.	21. 12.	Jahresdurchschnitt
Äquator	10,7	9,6	10,7	9,9	10,2
50° n. Br.	7,1	11,8	6,7	2,2	6,9
80° n. Br.	2,1	12,6	1,8	0	4,1

Solare Einstrahlung in KWh/m^2 pro Tag

Wärmehaushalt

Die Strahlungsprozesse sind die Basis für den **Wärmehaushalt** der Erde. Die von der Erdoberfläche aufgenommene Nettostrahlung (R) wird dort in die Erwärmung des Bodens und des Wassers (B), die Verdunstung von Wasser (**latente Wärme** L) sowie die Erwärmung der Luft (**fühlbare Wärme** F) umgesetzt und lässt sich in der **Wärmehaushaltsgleichung** $R = B + L + F$ darstellen.

Die von der Erdoberfläche emittierte langwellige Strahlung erhöht die Bewegungsgeschwindigkeit der Luftteilchen, die als Lufttemperatur gemessen werden kann. Bei gleichem Energiegewinn erwärmen sich Gebiete mit wenig Wasserflächen oder geringer Vegetationsbedeckung mehr, da für die Verdunstung viel weniger Energie benötigt wird und somit Energie für die Erwärmung der Luft zur Verfügung steht. Der Wärmehaushalt wird durch die Lage zum Meer sowie vorherrschende warme bzw. kalte Meeresströmungen differenziert.

1.3 Luftdruck und Wind

Der **Luftdruck** ist der Druck, den das Gewicht der Luftsäule auf eine Bezugsfläche, z. B. die Erdoberfläche (Bodendruckgebiete) oder eine bestimmte Höhe in der Atmosphäre (Höhendruckgebiete), ausübt.

Erwärmungs- bzw. Abkühlungsprozesse führen zu Konvektionsprozessen in der Troposphäre und damit zu unterschiedlichen Druckverhältnissen. Hohe Einstrahlung verursacht den Aufstieg von Luft und eine Verringerung der Dichte und am Boden bildet sich ein **thermisches Tiefdruckgebiet** aus. Im anderen Fall sinkt Luft ab, verdichtet sich und ein **thermisches Bodenhochdruckgebiet** entsteht. In der Höhe sind die Druckverhältnisse entsprechend umgekehrt **(Höhenhoch, Höhentief)**. Die Druckunterschiede lösen horizontale Bewegungen der Luft aus, die als **Wind** zu spüren sind.

Beispiel

Ein Beispiel für die Ausbildung und Veränderungen der Luftdruckverhältnisse ist das **Land-See-Windsystem**.

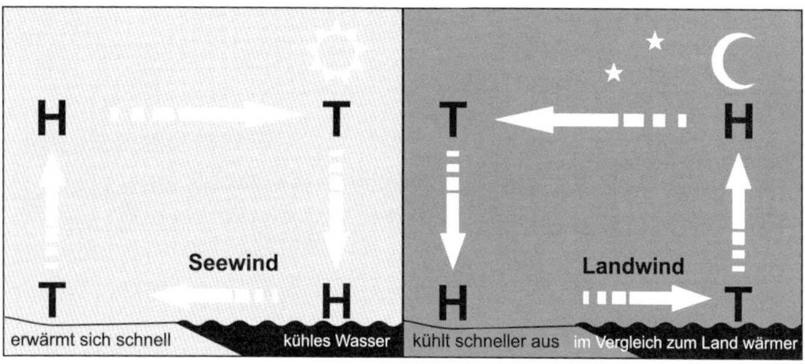

Land-See-Windsystem

Luftdruck- und Windgürtel der Erde

Die vorangegangenen Überlegungen zum Luftdruck und Wind können auf den Planeten Erde übertragen werden. Durch die geringeren Strahlungsgewinne der Polarregionen bildet sich dort ein stabiles Bodenhochdruckgebiet aus **(Polarhoch)**, am Äquator entstehen die thermischen Tiefdruckgebiete der **äquatorialen Tiefdruckrinne**.

Ein direkter Luftmassen- und damit Energieaustausch zwischen diesen Druckgebieten ist aufgrund der Erdrotation nicht möglich. Die Luftströmungen in der Höhe werden durch die **Corioliskraft** auf der Nordhalbkugel in Bewegungsrichtung nach rechts und auf der Südhalbkugel nach links abgelenkt. So entsteht in den gemäßigten Breiten in der Höhe ein von West nach Ost verlaufendes Höhenwindband, in das der **Jetstream** eingelagert ist.
In den Tropen herrscht das **Passatwindsystem**. Die Bodenwinde des Nordost- und Südostpassats treffen in der Äquatorialzone zusammen und bilden dort die **Innertropische Konvergenzzone (ITC)** aus. In den gemäßigten Breiten treffen an der Polarfront tropische und polare Luftmassen zusammen. In der **Westwindzone** bilden sich dynamische Druckgebiete aus *(vgl. Kap. 2.1)*. Die vom Polarhoch ausströmenden Winde werden durch die Corioliskraft nach Osten abgelenkt. Das Zirkulationsmuster verlagert sich im Rhythmus der Jahreszeiten in nördliche bzw. südliche Richtung und wird durch die Land-Meer-Verteilung differenziert.

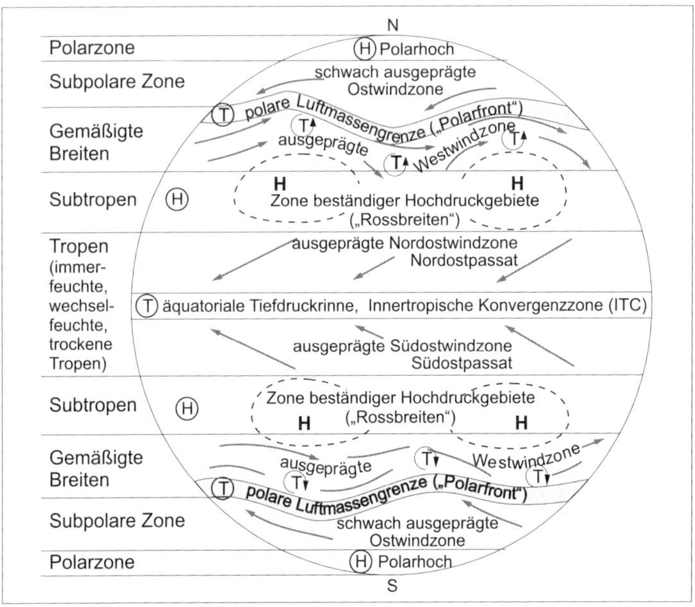

Luftdruck und Windgürtel in den bodennahen Schichten

TIPP In allen Schulatlanten gibt es Karten zur globalen atmosphärischen Zirkulation, in denen die Druckgürtel, die vorherrschenden Winde und die Lage der ITC in zwei Jahreszeiten (meist Januar und Juli) eingetragen sind. Machen Sie sich mit diesen Abbildungen vertraut und nutzen Sie diese während der Prüfung.

1.4 Wolkenbildung und Niederschlag

Wenn Wasser verdunstet, liegt es in der Atmosphäre im gasförmigen Zustand vor. Dabei kann warme Luft mehr Wasserdampf aufnehmen als kalte. Unterschreitet die Luft die **Taupunkttemperatur**, beträgt die relative Luftfeuchtigkeit 100 % und das Wasser kondensiert an **Kondensationskernen** (Aerosolen). Die so entstehenden Wassertröpfchen werden als Wolken oder im Bereich der Erdoberfläche als Nebel sichtbar. Ist das Gewicht der Wassertröpfchen oder Eiskristalle zu groß, fallen sie als Niederschlag auf die Erdoberfläche.

- **Absolute Luftfeuchtigkeit:** Menge des in der Luft enthaltenen Wasserdampfs in g/m³
- **Maximale Luftfeuchtigkeit:** Menge des Wassers, die ein Kubikmeter Luft in Abhängigkeit von der Temperatur in Form von Wasserdampf aufnehmen kann
- **Relative Luftfeuchtigkeit:** Verhältnis von absoluter und maximaler Luftfeuchtigkeit in Prozent

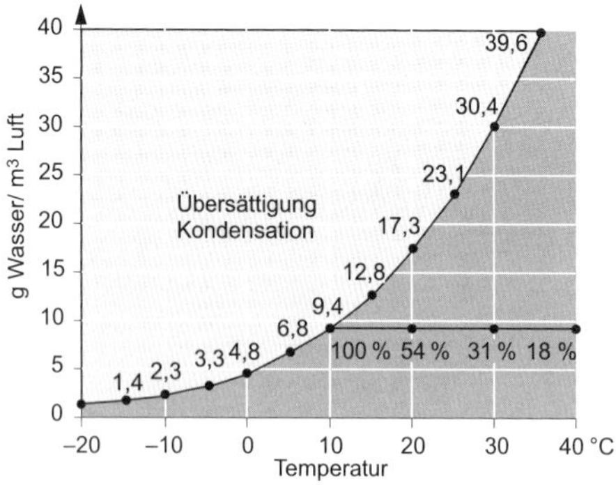

Taupunktkurve

Steigt Luft vertikal auf und überschreitet dabei das **Kondensationsniveau**, entstehen **Konvektionswolken**, z. B. Cumuluswolken. Gleitet Luft auf Hindernisse wie z. B. Gebirge auf, entstehen **Advektionswolken**, z. B. Stratuswolken. Bei der Abkühlung der Luft mit zunehmender Höhe wird zwischen **trockenadiabatischer Abkühlung** von 1 Kelvin/100 m bis zum Erreichen des Taupunktes und bei weiterem Aufstieg **feuchtadiabatischer Abkühlung** von 0,5 Kelvin/100 m unterschieden.

Beispiel

Treffen Luftmassen auf ein Gebirge, werden sie an der Luvseite zum Aufstieg gezwungen. Nach der Überquerung sinken die Luftmassen als **Föhn** auf der Leeseite ab.
Die Luft kühlt sich beim Aufstieg trockenadiabatisch ab. Erreicht sie die Taupunkttemperatur, kondensiert der in ihr enthaltene Wasserdampf; Advektionswolken entstehen. Bei der Kondensation wird Energie freigesetzt, die Abkühlung erfolgt feuchtadiabatisch. Nach der Überschreitung des Gipfels sinkt die Luftmasse ab und erwärmt sich. Da sich die absolute Luftfeuchtigkeit (u. a. durch den Steigungsregen) verringert hat, kommt es zur trockenadiabatischen Erwärmung: Die Lufttemperatur ist in gleicher Höhenlage auf der Leeseite viel höher als auf der Luvseite.

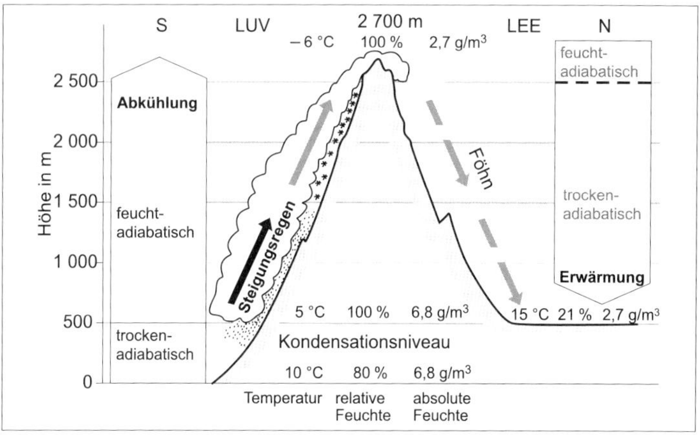

Föhn

1.5 Die Passatzirkulation und der Monsun

Das Klima der Tropen, der Region zwischen den Wendekreisen, wird von der **Passatzirkulation** bestimmt. Am Äquator ist die Sonneneinstrahlung am höchsten. Die erwärmten Luftmassen steigen auf und es bilden sich hoch reichende Cumuluswolken mit kräftigen Niederschlägen. In der Höhe strömt die Luft polwärts und sinkt auf ihrem Weg allmählich ab. Dabei erwärmt sie sich und es kommt zur Wolkenauflösung. Vom subtropische Hochdruckgürtel fließen die Luftmassen am Boden als Passate zur ITC zurück. Durch die Corioliskraft abgelenkt, wehen sie ganzjährig als Nordostpassat auf der Nordhalbkugel bzw. Südostpassat auf der Südhalbkugel.

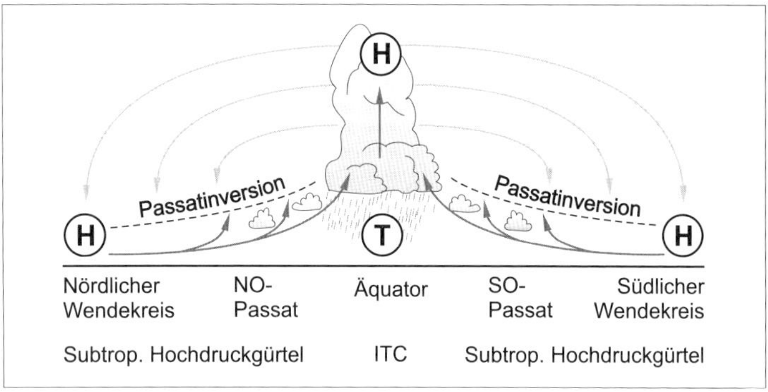

Tropische Passatzirkulation

Mit dem im Jahresverlauf wandernden Zenitstand der Sonne verlagert sich auch die Lage der ITC, sodass sonst trockene Gebiete Niederschläge erhalten (**tropisches Wechselklima**). Mit zunehmender Entfernung vom Äquator nehmen die Länge der Regenzeit und die Niederschlagsmenge ab.

Die z. B. in Südasien halbjährlich wechselnden Windverhältnisse werden als **Monsun** bezeichnet. Im Sommer entsteht über dem asiatischen Kontinent ein kräftiges Hitzetief. Der Südostpassat ändert unter Einfluss der Corioliskraft seine Richtung auf Südwest. Beim Weg über den Indik nimmt die Luft des Sommermonsuns viel Feuchtigkeit auf, sodass Südasien Niederschläge erhält. In den Wintermonaten weht der trockene Nordostpassat als Wintermonsun in Richtung der ITC.

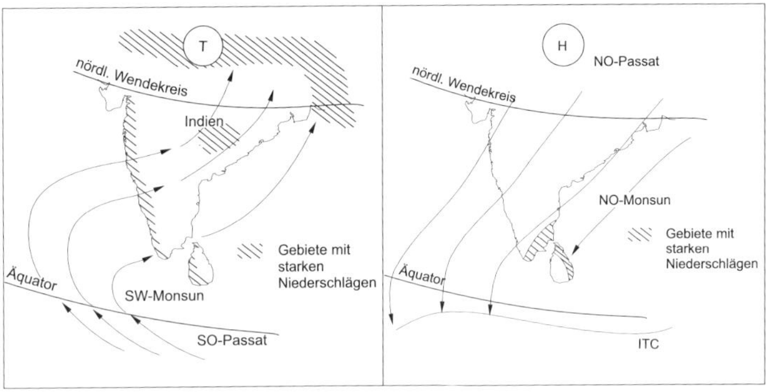

Winter- und Sommermonsun

1.6 Klimadiagramme auswerten

Klimadiagramme stellen die 30-jährigen durchschnittlichen Temperatur- und Niederschlagsverhältnisse eines Ortes dar. Die aktuelle **Klimaperiode** umfasst den Zeitraum von 1990 bis 2020. Die Einteilung der Temperatur- und Niederschlagswerte im Verhältnis von 1:2 ermöglicht Aussagen zur den Feuchteverhältnissen. Monate, bei denen die Niederschlagswerte die Temperaturwerte übersteigen, sind **humid**, d. h., es steht mehr Wasser zur Verfügung, als verdunstet werden kann. Bei **ariden** Verhältnissen fällt weniger Niederschlag, als verdunsten kann (im Klimadiagramm liegen die Niederschlagswerte unterhalb der Temperaturen). So lassen sich aus Klimadiagrammen Rückschlüsse auf die ökologischen Verhältnisse ziehen, z. B. ausreichende Temperaturen oder genügend Feuchtigkeit für das Vegetationswachstum.

Um Klimadiagramme auszuwerten, müssen Sie:

- die Lage der Station beschreiben,
- ausgewählte Werte zu Temperatur und Niederschlag ablesen,
- den Verlauf von Temperatur und Niederschlag beschreiben,
- die klimatischen Verhältnisse begründen,
- mögliche Auswirkungen auf die natürlichen Verhältnisse oder die menschliche Nutzung darstellen.

Beispiel

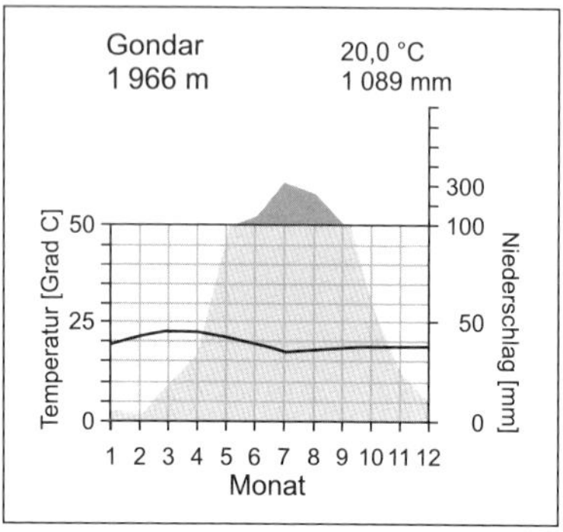

Gondar, Äthiopien

In Gondar schwanken die **Monatsmitteltemperaturen** aufgrund der Lage in den Tropen und der damit ganzjährig hohen Strahlungsgewinne im Jahresverlauf nur um wenige Grad. Die höchsten Temperaturen werden im April mit 23 °C gemessen. Obwohl der Sonnenstand zwischen Juni und August in Gondar am höchsten ist, sinken die Temperaturen bis zum August auf 18 °C ab. Das liegt zum einen daran, dass die Einstrahlung durch die in dieser Zeit vorherrschende starke Bewölkung verringert wird, denn die Region liegt im Einflussbereich der ITC. Darüber hinaus führen die hohen Niederschläge zu hohen Verdunstungsraten, sodass weniger Energie für die fühlbare Wärme zur Verfügung steht.

Der **Jahresniederschlag** ist mit über 1 000 mm hoch. Der Großteil der Niederschläge fällt zwischen Mai und Oktober. Gondar wird in dieser Zeit von der ITC beeinflusst und es kommt zur intensiven Wolkenbildung mit Starkniederschlägen. Zwischen November und April herrschen aride Bedingungen, da die Region im Einflussbereich der Passatzirkulation mit fehlender Wolkenbildung steht.

Die Temperatur- und Niederschlagsverhältnisse ermöglichen ein ganzjähriges Wachstum von Pflanzen. Der Zeitraum der ariden Bedingungen ist kurz. Somit sind die Voraussetzungen für eine ackerbauliche Nutzung im ganzen Jahr gegeben. In den Sommermonaten muss mit Gefährdungen durch Starkniederschläge gerechnet werden (Bodenerosionsgefahr, Überschwemmungen).

2 Wetter in Europa

2.1 Dynamische Druckgebiete

Im Gegensatz zu thermischen Druckgebieten, die durch unterschiedliche Erwärmung verursacht werden, entstehen **dynamische Druckgebiete** durch Strömungsvorgänge in der Troposphäre.

Im Bereich der **Polarfront**, dem Grenzbereich zwischen tropischer Warmluft und polarer Kaltluft, behindert die Westwindströmung mit dem Jetstream den direkten Energie- und Druckausgleich. Der breitenkreisparallele Verlauf wird aber durch den zunehmenden Temperaturgegensatz sowie das Relief der Erdoberfläche immer wieder zu einer wellenförmigen Strömung gezwungen. Dabei entstehen Verengungen und Erweiterungen im Höhenwindband. In den Konvergenzbereichen strömt mehr Luft ein, sodass es zu Absinkbewegungen kommt und am Boden dynamische Hochdruckgebiete **(Antizyklonen)** entstehen. In Bereichen von Divergenz strömt Luft von der Erdoberfläche nach und es bilden sich Tiefdruckgebiete **(Zyklonen)** aus.
Durch dieses Mäandrieren wird der Temperatur- und Druckgegensatz ausgeglichen. Unser Wetter wird zu großen Teilen durch den Verlauf der Polarfront bzw. den Einfluss von Zyklonen und Antizyklonen bestimmt.

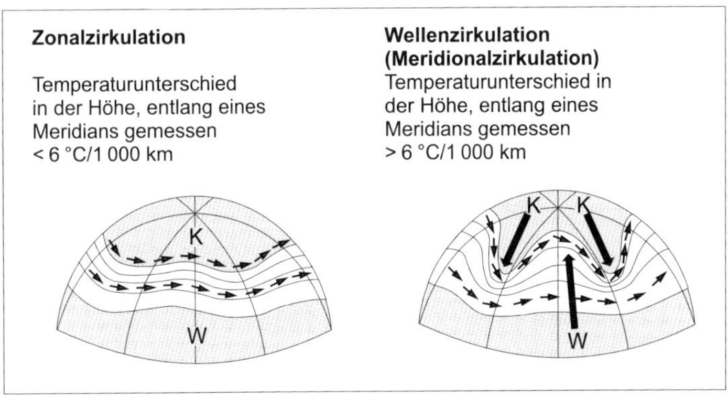

Mäandrieren des Polarfrontjetstreams

2.2 Wettererscheinungen beim Durchzug einer Zyklone

Zyklonen sind wandernde dynamische **Tiefdruckgebiete**, die in Europa meist über dem Nordatlantik im Bereich Islands entstehen. Sie bewegen sich mit der vorherrschenden Westwindströmung über Europa hinweg. Dabei holt die schneller wandernde **Kaltfront** die **Warmfront** ein. Dadurch wird der **Warmsektor** immer weiter eingeengt und löst sich letztlich von der Erdoberfläche ab. Es kommt zur **Okklusion** und die Zyklone löst sich auf.

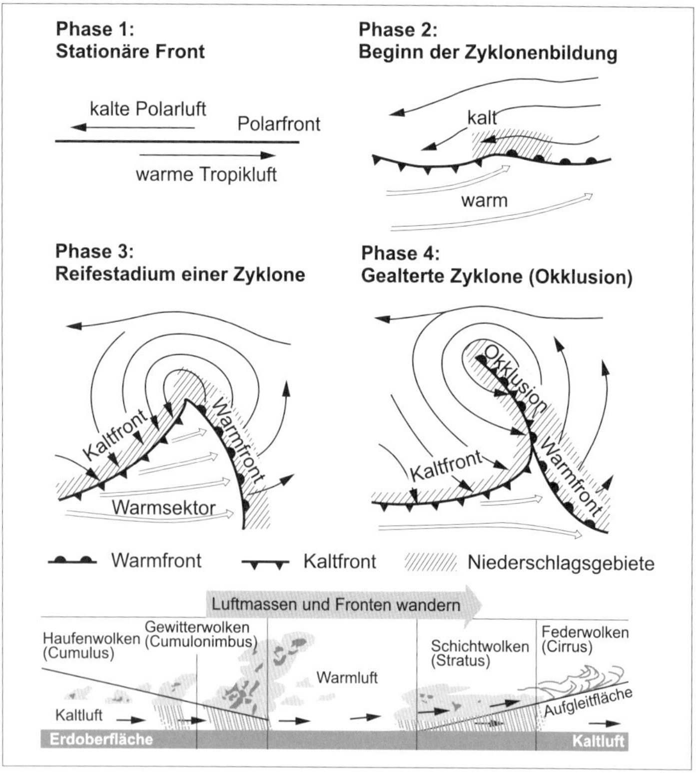

Entwicklung einer außertropischen Zyklone

Die in den Sektoren bzw. an den Fronten ablaufenden atmosphärischen Prozesse prägen die Eigenschaften der Temperatur, die Art der Wolkenbildung und des Niederschlags, der Windrichtung und der Druckverhältnisse an der Erdoberfläche.

2.3 Wettererscheinungen im Bereich einer Antizyklone

Beeinflussen Hochdruckgebiete bzw. **Antizyklonen** das Wettergeschehen, kommt es aufgrund der vorherrschenden Absinkbewegung der Luftmassen und der damit verbundenen **trockenadiabatischen** Erwärmung zur **Wolkenauflösung**. Es fallen kaum Niederschläge. Im Sommer steigen die Lufttemperaturen, im Winter herrscht aufgrund der hohen Ausstrahlung Kälte vor.

2.4 Wetterkarten

Um Wetterkarten zu interpretieren, müssen Sie:

- die Wetterkarte zeitlich und räumlich einordnen,
- die Lage der Druckgebiete und Fronten beschreiben,
- die Wetterdaten eines Ortes oder einer Region beschreiben,
- die Wetterdaten erklären,
- eine Wettervorhersage formulieren.

Beispiel

Die Wetterkarte zeigt die Situation am 1. September 2015 um 10 Uhr. Ein Hochdruckgebiet über dem östlichen Balkan und eine Zyklone mit Zentrum über den Britischen Inseln beeinflussen das Wettergeschehen in Europa. Über Russland befindet sich die **Okklusion** einer Zyklone. In Dresden beträgt die Temperatur fast 23 °C, der Himmel ist halb bedeckt und es fällt kein Niederschlag. Der Wind weht mäßig aus Südwesten.

Die für diese Jahres- und Tageszeit hohen Temperaturen sind aus der Lage der Stadt im Warmluftsektor und damit der Zufuhr warmer Tro-

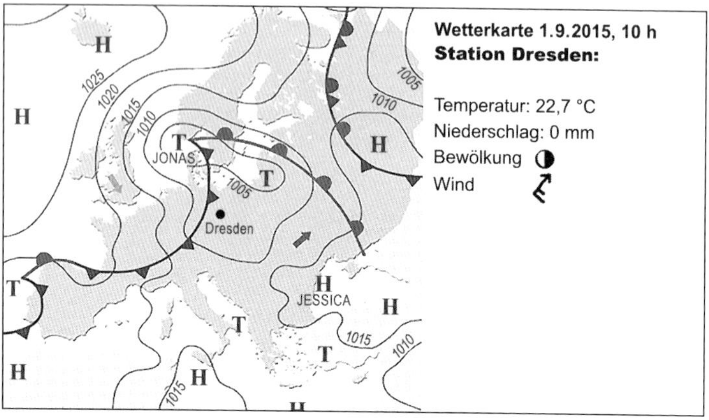

Wetterkarte, Station Dresden

pikluft zu erklären. Aufgrund der hohen Temperaturen bzw. der Absinkbewegungen der Luft ist die Wolkenbildung gering.
Im Verlauf des Tages wird über Dresden die Kaltfront durchziehen. Es muss mit Starkniederschlägen und Gewittern aus den Cumuluswolken *(vgl. Kap. 1.4)* gerechnet werden. Die Temperaturen werden deutlich sinken.

3 Klimawandel

3.1 Natürliche und anthropogene Einflussfaktoren

Der **Klimawandel** beschreibt die Abkühlung oder Erwärmung des Klimas auf der Erde über einen langen Zeitraum.

In der Erdgeschichte gab es immer wieder durch natürliche Prozesse verursachte globale Temperaturschwankungen, z. B. die Warm- und Kaltzeiten im Pleistozän.
Zwischen 1880 und 2020 hat sich die Atmosphäre im Schnitt um 1,2 °C erwärmt. Mittlerweile ist gesichert, dass die menschlichen Aktivitäten diesen sich beschleunigenden und immer umfassenderen **globalen Temperaturanstieg** mit verursachen.

Solarstrahlung	Die Erdumlaufbahn um die Sonne und die Neigung der Erdachse verändern sich über lange Zeiträume und ändern damit die Einstrahlungsverhältnisse.
Vulkanausbrüche	Gase und Stäube gelangen in die Tropo- und in die Stratosphäre und verändern den Strahlungshaushalt.
Plattentektonik	Je nach Lage der Kontinente kommt es zur Vereisung bzw. zum Abtauen von großen Eisschilden, die Albedoverhältnisse ändern sich.

Beispiele für natürliche Ursachen

Nutzung fossiler Energieträger	Energiegewinnung und Verkehr erhöhen die Kohlenstoffdioxidkonzentration in der Atmosphäre.
Waldnutzung	Feuer, v. a. im Zuge des Brandrodungsfeldbaus in den Tropen, verursachen Kohlenstoffdioxidemissionen.
Land- und Viehwirtschaft	Reisfelder und Rindermägen emittieren das Treibhausgas Methan.
Treib- und Kühlmittel	Fluorchlorkohlenwasserstoffe (FCKW), die heute international verboten sind, werden u. a. durch die unsachgemäße Entsorgung alter Kühlschränke noch immer freigesetzt.

Beispiele für anthropogene Ursachen

3.2. Auswirkungen des Klimawandels

Der globale Temperaturanstieg hat **Auswirkungen** auf weitere Klimaelemente, die Geosphären der Erde und das Leben der Menschen, z. B. in Form von:

- Abschmelzen der Gletscher,
- Auftauen der Permafrostgebiete,
- Anstieg des Meeresspiegels,
- Zunahme und Intensität von Wetterextremen (z. B. Stürme, Überschwemmungen),
- Störungen von Ökosystemen,
- Kosten für Anpassungsmaßnahmen bzw. Schadensregulierungen,
- gesundheitliche Belastungen (v. a. für die städtische Bevölkerung).

Globale Disparitäten und Verflechtungen

1 Beurteilung globaler Disparitäten

1.1 Differenzierung der Staaten der Erde

Bis heute prägen wirtschaftliche und soziale Unterschiede die Welt. Im Gegensatz zu den ärmeren Staaten des **Globalen Südens** besitzen die Länder des **Globalen Nordens** auf der Basis eines leistungsfähigen Wirtschaftssystems einen hohen Lebensstandard.

In Klassifizierungen von globalen Organisationen wie der UNO oder der Weltbank sind weitere Einteilungen verbreitet.

Kategorie	Merkmale	Beispiele
Industrieländer	sehr hohe Wirtschaftskraft, hoher Anteil des Dienstleistungssektors und hochwertige Industrie, stabile politische Verhältnisse, sehr hoher Lebensstandard	Australien, Japan, EU, USA
Schwellenländer (Newly Industrialized/Industrializing Countries)	hohes Wirtschaftswachstum, hohe Arbeitsproduktivität bei geringen Lohnkosten, hohe Exportquote von Fertigwaren, wachsender Wohlstand	Südkorea, Südafrika, Singapur, Malaysia, Mexiko
Entwicklungsländer	geringe Wirtschaftskraft mit hohem Anteil der Landwirtschaft und der Rohstoffindustrie, mangelhafte Infrastruktur, geringer bis mittlerer Wohlstand	Haiti, Nicaragua, Afghanistan, Äthiopien, DR Kongo
Least Developed Countries (LDC)	extrem niedriges Pro-Kopf-Einkommen, geringe Industrialisierung, geringer bis sehr geringer Wohlstand	Angola, Benin, Jemen, Kambodscha
OPEC-Staaten	hohes Pro-Kopf-Einkommen aufgrund des Exports von Erdöl sowie des Ölpreisanstiegs	Saudi-Arabien, Nigeria, Ecuador

Beispiele für Klassifizierungen von Staaten

1.2 Entwicklungsindikatoren

Folgende Entwicklungsindikatoren werden häufig zur Einordnung von Ländern genutzt.

Wirtschaftliche Indikatoren

- **BNE** (Bruttonationaleinkommen):
  Wert aller Produkte und Dienstleistungen, die von Einwohnern und Firmen eines Landes innerhalb eines Zeitraumes (meist eines Jahres) produziert wurden. Es wird meist in US-Dollar angegeben. Bis 2000 hieß dieser Indikator auch Bruttoinlandsprodukt (BIP).
- **BNE/Einwohner** (Bruttonationaleinkommen pro Einwohner):
  Setzt das BNE ins Verhältnis zu seiner Bevölkerungszahl. Mit dieser Maßzahl ist ein Vergleich der Wirtschaftskraft unterschiedlich großer Länder oder Regionen möglich. Es wird in US-Dollar/Kopf angegeben.

Soziale Entwicklungsindikatoren

- **HDI** (Human Development Index):
  Der Index der menschlichen Entwicklung kombiniert statistische Daten aus den grundlegenden Bereichen der menschlichen Entwicklung: Gesundheit, Bildung und Wirtschaft. Er wird aus der Lebenserwartung bei Geburt, dem Bildungsniveau und dem Pro-Kopf-Einkommen ermittelt.
- **IHDI** (Inequality adjusted Human Development Index):
  Der Durchschnittswert des HDI wird hier noch hinsichtlich der Ungleichverteilung innerhalb eines Landes differenziert.

Weitere Entwicklungsindikatoren

- **Ökonomische Indikatoren:** Handelsbilanz, Anteil der Wirtschaftssektoren am BNE, Anteil der Beschäftigten in den Wirtschaftssektoren, Gini-Koeffizient (Aussagen zur Einkommensverteilung), Wirtschaftswachstum, Verschuldungsquote
- **Soziale Indikatoren:** Zugang zur öffentlichen Infrastruktur (Strom, Wasser), Anteil der Armen an der Gesamtbevölkerung, Situation der Frauen

- **Ökologische Indikatoren:** CO_2-Ausstoß pro Kopf, Anteil von Schutzgebieten an der Landesfläche, Grad der Waldbedeckung
- **Politische Indikatoren:** Regierungsform, Achtung der Menschenrechte, Good Governance (gute Regierungsführung)

Beispiel

BNE/Kopf	Anteil Landwirtschaft am BNE	HDI	Lebenserwartung	Kindersterblichkeit	CO_2-Emissionen
863 US-$	36,2 %	0,428	59,7 Jahre	91 pro 1 000 Geburten	0,3 t/Kopf/Jahr

Strukturdaten Mali

Der afrikanische Binnenstaat **Mali** besitzt mit einem BNE/Kopf von deutlich unter 1 000 US-$ eine sehr geringe Wirtschaftskraft und kann damit in die Gruppe der LDC-Länder eingeordnet werden. Der wenig rentable Landwirtschaftssektor trägt zu mehr als einem Drittel zum BNE bei und lässt auf einen gering entwickelten Sekundär- und Tertiärsektor schließen. Aufgrund der wirtschaftlichen Entwicklung sind die Lebensbedingungen sehr schlecht, was sich im HDI-Wert von unter 0,5 sowie der geringen Lebenserwartung und der hohen Kindersterblichkeit widerspiegelt. Mit 0,3 Tonnen CO_2-Emissionen pro Kopf trägt Mali im globalen Vergleich nur zu einem sehr geringen Teil zum Klimawandel bei. Dieser Wert resultiert aus dem geringen sozioökonomischen Entwicklungsstand.

TIPP Nutzen Sie bei der Beschreibung von **Entwicklungsindikatoren** eines Landes auch den Atlas, um die gegebenen Werte vergleichen und einordnen zu können.

Regionale Disparitäten

Neben diesen **globalen Disparitäten** sind auch **regionale** Entwicklungsunterschiede innerhalb von Ländern auszumachen.
Meist weisen Hauptstädte, große Städte oder Industrie- und Rohstoffregionen einen höheren Entwicklungsstand auf (**Kernräume**) als ländlich geprägte oder ungünstig gelegene Gebiete (**Marginalräume**).

Beispiel

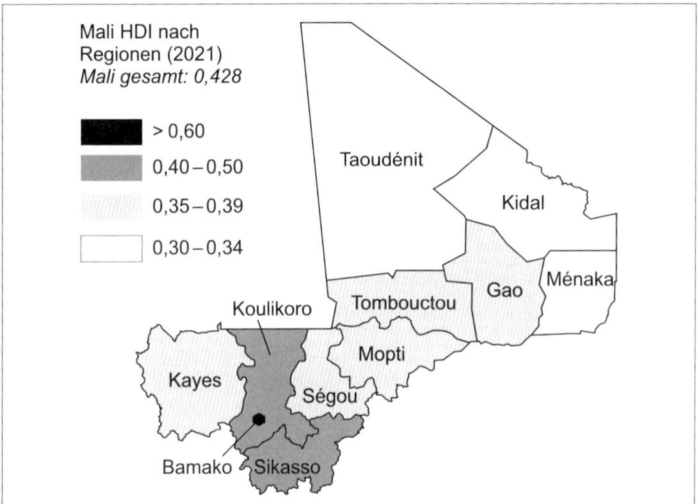

Mali: HDI nach Regionen

In der Hauptstadtregion Bamako liegt der HDI-Wert von mehr als 0,6 deutlich über dem Landesdurchschnitt. Mit zunehmender Entfernung von der Hauptstadt sinkt der HDI. Die nordöstlichen Regionen weisen den geringsten Entwicklungsstand auf.

2 Ursachen für Disparitäten

Verschiedene Ansätze erklären die Entwicklungsrückstände in Staaten.

Nachteilige naturgeographische Faktoren

- ungünstige klimatische Bedingungen
- schlechte Bodenverhältnisse, z. B. Nährstoffarmut, Wassermangel
- schwierige Reliefbedingungen, z. B. Hochgebirge
- Armut an Bodenschätzen
- ungünstige Lage, z. B. Binnenland, Entfernung zu den Kernräumen

Externe Gründe

- historisch gewachsene Abhängigkeiten und daraus resultierende strukturelle Defizite, z. B. Ausbeutung als Kolonie durch europäische Kolonialmächte, einseitige Ausrichtung auf Rohstoffwirtschaft, fehlende bzw. wenig entwickelte Investitions- und Konsumgüterproduktion, gering ausgebautes Straßen- und Eisenbahnnetz
- Neokolonialismus im Zuge der verstärkten **Globalisierung** und damit Abhängigkeit von globalen Kapitalströmen oder transnationalen Konzernen
- Kapitalmangel, der einen hohen Anteil **ausländischer Direktinvestitionen** (ADI) erfordert, die wiederum die Abhängigkeit und Verschuldung steigern

Interne Gründe

- ungünstige sozioökonomische und politische Strukturen, z. B. hoher Anteil der Agrarwirtschaft, die eine vergleichsweise geringe Wirtschaftskraft besitzt
- traditionelle oder religiöse Einstellungen, die Initiativen behindern können oder Potenziale nicht voll ausschöpfen lassen, z. B. Kastenwesen in Indien, gesellschaftliche Stellung der Frauen
- anhaltendes Bevölkerungswachstum, das große Investitionen in die Sicherung der **Grunddaseinsfunktionen** erfordert
- hoher Anteil des **informellen Sektors**, der eine strukturelle wirtschaftliche Entwicklung verhindert
- Korruption, die den Wettbewerb behindert
- ungünstige **Terms of Trade**, die die Außenhandelsbilanz verschlechtern und zum Rückgang der staatlichen Einnahmen führen

Terms of Trade: Preisverhältnis von Export- und Importgütern. In den letzten Jahrzehnten haben sich die Terms of Trade für wenig entwickelte Länder verschlechtert, da sich die Preise für Rohstoffexporte im Vergleich zu denen für importierte Investitions- und Konsumgüterprodukte seit den 1990er-Jahren verringert haben.

3 Abbau von Disparitäten

3.1 Entwicklungsstrategien

Es gibt unterschiedliche Konzepte und Strategien, um Entwicklung zu initiieren. Ihr gemeinsames Ziel ist es, Disparitäten langfristig und nachhaltig abzubauen.

Grundbedürfnisstrategie

Mit dem Konzept der „**Hilfe zur Selbsthilfe**" werden durch Nutzung lokaler und regionaler Ressourcen Arbeitsplätze und Projekte zur Befriedigung der Grundbedürfnisse (Wohnen, Versorgen, Bildung) geschaffen.

Wachstumsstrategie

Durch externe Wachstumsimpulse **(Big Push)**, meist durch ausländische Direktinvestitionen (ADI), soll Entwicklung in Gang gesetzt werden und danach weitgehend selbstständig weitergehen.

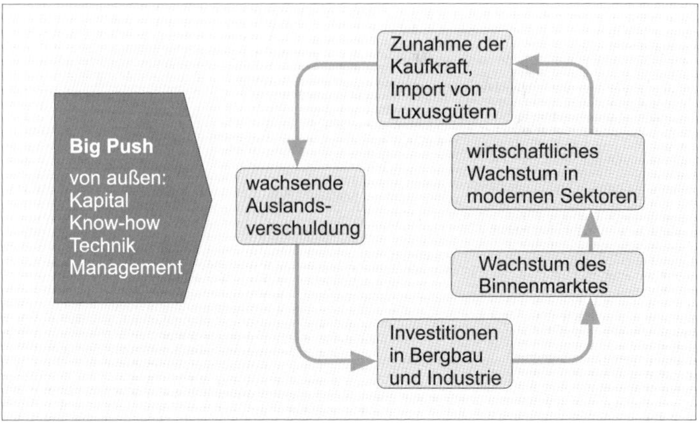

Wachstum und Entwicklung durch Modernisierung

Wirtschafts- und Wachstumspole sind regionale oder sektorale Ansatzpunkte, von denen Impulse auf die benachbarten Regionen ausgehen. Dies kann durch die Ausweisung von **Sonderwirtschaftszonen** geschehen, in denen u. a. ausländische Unternehmensansiedlungen einfach möglich sind und Steuervorteile gewährt werden. Dabei stützt man sich zunächst auf **Leitindustrien** (z. B. Stahlindustrie, IT-Unternehmen), die in einer zweiten Phase weitere Industriezweige und Branchen nach sich ziehen.

Autozentrische Entwicklung

Die heimische Wirtschaft wird für einen gewissen Zeitraum vom Weltmarkt abgekoppelt, sodass sich die heimische Wirtschaft in Ruhe entwickeln kann.

3.2 Strategie der Armutsbekämpfung

Im Jahr 2000 vereinbarten die Staats- und Regierungschefs von 189 Staaten acht sogenannte **Millenniumsentwicklungsziele**, um die weltweiten Disparitäten zu reduzieren und zu beseitigen. Der Zwischenbericht 2015 zeigte deutliche Fortschritte, aber nicht für alle Staaten gleichermaßen. Als Folge wurden die Ziele in der Agenda 2030 konkretisiert und ihre Zahl auf 17 sogenannte Sustainable Development Goals (SDGs) erweitert.

Fünf **Kernbotschaften** sind den Nachhaltigkeitszielen vorangestellt: Mensch, Planet, Wohlstand, Frieden und Partnerschaft.

People	Würde des Menschen im Mittelpunkt
Planet	Den Planeten schützen
Prosperity	Wohlstand für alle fördern
Peace	Frieden fördern
Partnership	Globale Partnerschaften aufbauen

Die „5 Ps“ der Agenda 2030

Ressourcen und ihre Nutzung

1 Rohstoffe und Ressourcen

1.1 Natürliche Ressourcen

Rohstoffe sind alle natürlichen Stoffe, die für die Herstellung von Waren und Dienstleistungen verwendet werden. Sie können in Primär- und Sekundärrohstoffe eingeteilt werden. Während erstere direkt der Natur entnommen werden, gelangen die Sekundärrohstoffe durch Aufarbeitung (**Recycling**) aus entsorgtem Material wieder in den Produktions- bzw. Nutzungskreislauf.

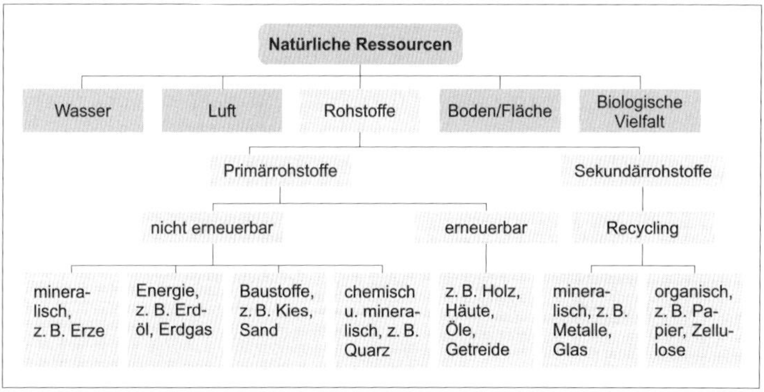

1.2 Reserven, Ressourcen, Reichweite

Bei den nicht erneuerbaren Rohstoffen wird zwischen **Reserven** und **Ressourcen** unterschieden. Die **Reserven** umfassen alle bekannten Vorkommen, die unter derzeitigen wirtschaftlichen und technologischen Bedingungen mit Gewinn abbauwürdig sind.
Rohstoffe, deren Abbau sich noch nicht lohnt bzw. die überhaupt noch nicht entdeckt sind, bilden die **Ressourcen**. Mit steigenden Rohstoffpreisen oder der Entwicklung neuer Technologien können Ressourcen zu Reserven werden.

Wie lange ein nichtregenerativer Rohstoff zur Verfügung steht, wird durch seine **statische Lebensdauer** beschrieben. Diese gibt an, wie viele Jahre eine Reserve bzw. Ressource reicht, wenn sich der aktuelle Jahresverbrauch in der Zukunft nicht ändert. Auch wenn die meisten nichtregenerierbaren Rohstoffe in ausreichender Menge vorhanden sind, ist deren Nutzung aufgrund der Belastungen für die Natur und die im Umfeld der Lagerstätten lebenden Menschen problematisch.

Beispiel

Reserven (in Mrd. t)	Statische Reichweite (in Jahren)	Ressourcen (in Mrd. t)	Statische Reichweite (in Jahren)	Förderung 2021 (in Mrd. t)
756	113	16 200	2 418	6,7

Hartkohle (Steinkohle und Anthrazit), Stand 2021

2 Nutzung von Erdöl

2.1 Erdölproduktion

Erdöl spielt seit dem 19. Jh. als Rohstoff für die chemische Industrie und als Energiequelle eine entscheidende Rolle in der Weltwirtschaft.

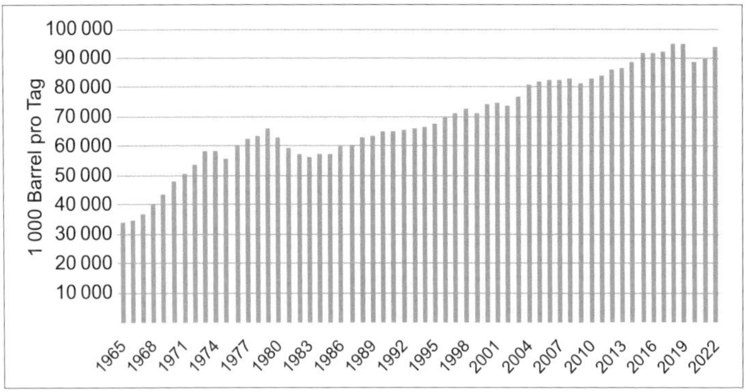

Weltweite Erdölproduktion

Die Angabe von Fördermengen bzw. Verbrauch erfolgt meist in **Barrel** (1 Barrel = 1 Fass = 159 Liter). Da bei der Verbrennung von Erdöl Treibhausgase freigesetzt werden, gibt es im Kontext des Klimawandels Bemühungen, Erdöl als Energieträger deutlich zu reduzieren.

2.2 Lagerstätten

Konventionelle Lagerstätten

Der Großteil des weltweit geförderten Erdöls stammt aus **konventionellen** Lagerstätten. Dort liegt es mit geringer Zähigkeit im Gestein, sodass es sich verhältnismäßig kostengünstig und mit geringen Eingriffen in den Naturraum mittels Pumpen fördern lässt. Es wird zwischen Lagerstätten an Land **(onshore)** und im Meer **(offshore)** unterschieden.

Unkonventionelle Lagerstätten

Mittlerweile nimmt die Förderung **unkonventionellen** Erdöls zu, das z. B. in Form von Ölsanden vorliegt, sodass nicht direkt abgebaut werden kann. Liegt das Erdöl-Gesteinsgemisch oberflächennah, wird es im Tagebau gefördert und das Rohöl anschließend mit mechanischen und chemischen Verfahren abgesondert. Erdöl aus tiefer gelegenen Lagerstätten ist durch **Fracking-Verfahren** gewinnbar, bei denen große Mengen belasteter Abwässer anfallen und die Gefahr von Grundwasserverschmutzung gegeben ist.

2.3 Export- und Importstaaten

Exportstaaten

1960 gründeten fünf Staaten die Organisation der Erdöl exportierenden Länder (**OPEC**). Ziel der Errichtung dieses Kartells war die Stabilisierung des Erdölpreises durch eine künstliche Verknappung oder Steigerung der Fördermengen. Heute gehören dem Kartell dreizehn Staaten an. Sie verfügen über einen hohen Anteil an den Welterdölreserven und produzieren etwa ein Drittel der Weltproduktion.

In den 1970er-Jahren erlebten viele Erdöl exportierende Staaten aufgrund der steigenden globalen Nachfrage einen Wirtschaftsboom, der die Lebensbedingungen sprunghaft verbesserte.

Eine einseitige Ausrichtung auf den Erdölexport hat für diese Länder aber auch **Nachteile:**

- wachsende regionale Disparitäten zwischen den Städten (moderne Architektur, Bevölkerungszuwachs) und dem ländlichen Raum (Abwanderung, fehlende Arbeitsplätze)
- hohe Abhängigkeit vom Weltölmarkt – auch als OPEC-Staat
- Notwendigkeit von Importen (Nahrungsmitteln, Konsum- und Produktionsgütern) aufgrund der fehlenden wirtschaftlichen Diversifizierung
- Anwerbung ausländischer Arbeitskräfte – vor allem in den Golfstaaten macht deren Anteil oft mehr als die Hälfte der Bevölkerung aus; die Lebensbedingungen der Arbeitsmigrantinnen und -migranten sind kritisch zu betrachten
- ökologische Probleme bei der Förderung und dem Transport von Erdöl

Importstaaten

Die größten Verbraucher von Erdöl sind die hoch entwickelten Staaten der Erde. Gegenwärtig steigt der Bedarf auch in den großen Schwellenländern, z. B. China und Indien. Viele Staaten müssen aufgrund fehlender Lagerstätten den Rohstoff importieren. Erdöl ist damit eines der wichtigsten globalen Handelsgüter. Die Importstaaten befinden sich in großer Abhängigkeit von den Lieferländern und der Preisentwicklung. Ausfallende Erdöllieferungen, z. B. durch politische Krisen (Ukrainekrieg) oder Störungen im globalen Handel (Covid-19-Pandemie), haben große Auswirkungen auf die Wirtschaft der Verbrauchsländer.

Trotz aller Bemühungen um die Reduzierung **fossiler Energierohstoffe** als Maßnahme gegen den Klimawandel gehen Prognosen von einer global weiter steigenden Nachfrage nach Erdöl aus. Mit neuen Technologien zur Steigerung der Effizienz hofft man, dass dieser Bedarf in Zukunft nachhaltiger gedeckt werden kann.

3 Wasserversorgung

3.1 Wassergewinnung

Wasser kann im eigentlichen Sinne nicht verbraucht, sondern lediglich gebraucht werden, da es immer wieder in den **Wasserkreislauf** zurückgeführt wird. Von der riesigen Wassermenge der Erde steht nur etwa ein Prozent für die Nutzung als Süß- und Trinkwasser zur Verfügung. Es kann aus den folgenden Quellen gewonnen werden:

- Oberflächenwasser (Flüsse, Seen, Talsperren)
- Grundwasser (Brunnen)
- Niederschlagswasser (Zisternen)
- Meerwasser (Entsalzungsanlagen)
- Luftfeuchtigkeit (Netze)

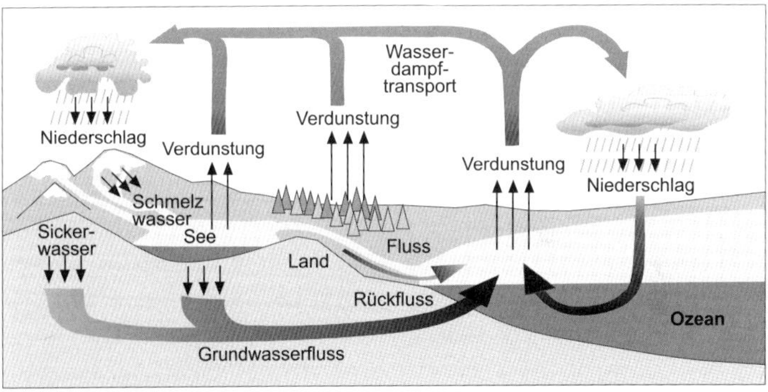

Globaler Wasserkreislauf

- **Wasserdargebot:** die für einen bestimmten Zeitraum und ein bestimmtes Gebiet ermittelte bzw. zu erwartende Menge an Süßwasser
- **Wasserverfügbarkeit:** die Menge an Süßwasser, die einer Person pro Jahr tatsächlich zur Verfügung steht

3.2 Wasserverbrauch

Die meisten Prognosen gehen davon aus, dass der **weltweite Wasserverbrauch** aufgrund der wachsenden Weltbevölkerung und der Steigerung des Wohlstandes weiter zunehmen wird.

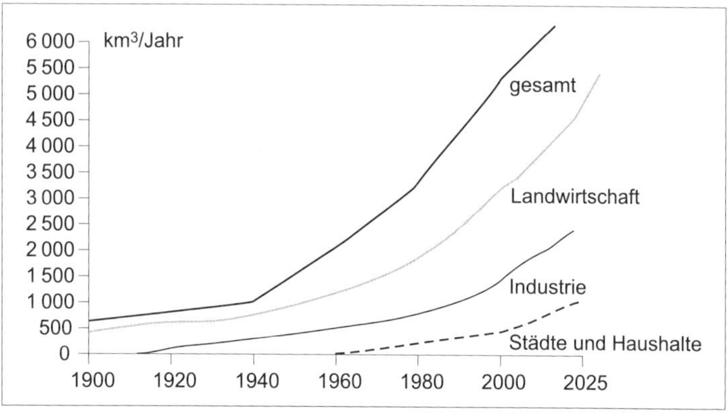

Wasserverbrauch

Die **Ressource Wasser** ist aufgrund der klimatischen Bedingungen regional sehr ungleich verteilt und in vielen Gebieten durch Übernutzung zu einem knappen Gut geworden. Verschmutzung und Versalzung schränken die Verwendbarkeit zusätzlich ein. In mehr als 30 Staaten der Erde ist die Bevölkerung von **Wasserknappheit** (weniger als 1 700 m^3 pro Einwohner und Jahr) oder sogar **Wassermangel** (weniger als 1 000 m^3 pro Einwohner und Jahr) bedroht. Ursachen dafür sind:

- **physische Wasserknappheit:** Wasservorkommen im Land reichen nicht aus, um den Grundbedarf zu decken
- **ökonomische Wasserknappheit:** Wasservorkommen im Land sind zwar ausreichend, aber die Wasserversorgung ist aufgrund fehlender Infrastruktur nicht sichergestellt

Bei der Nutzung von Wasser wird zwischen **direktem** und **indirektem Wassergebrauch** unterschieden.

Mit dem **Konzept des ökologischen Fußabdrucks** kann der Wassergebrauch erfasst werden.

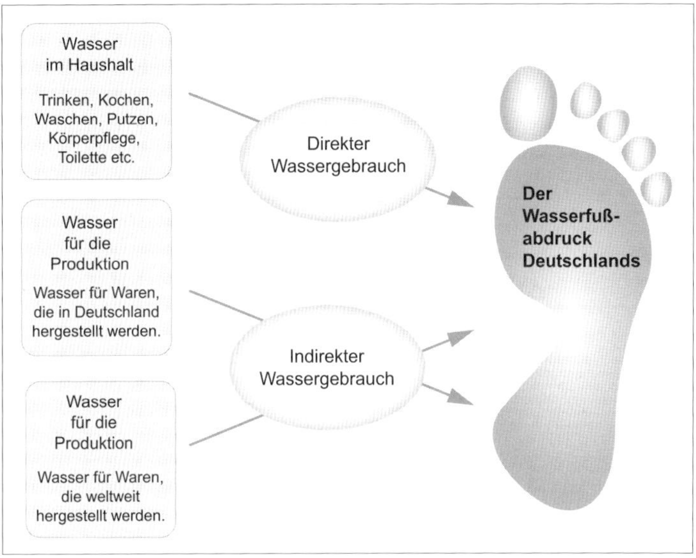

Konzept des Wasserfußabdrucks (Beispiel Deutschland)

Wassernutzung in der Landwirtschaft

Der Großteil des Wasserverbrauchs in der Landwirtschaft geht auf die **künstliche Bewässerung** zurück. Das benötigte Wasser wird aus den Oberflächengewässern oder dem Grundwasser entnommen bzw. in Zisternen oder Stauseen gesammelt. Die **Bewässerungsmethoden** sind traditionell an die naturräumlichen Gegebenheiten angepasst. Werden diese missachtet oder die vorhandenen Ressourcen übernutzt, drohen Versalzung und Versauerung der Böden sowie Rückgänge in den Fließgewässern oder Grundwasserleitern, die sogar zur Vernichtung der ursprünglichen Naturräume führen können (Beispiel Aralsee). Eine **nachhaltige**, also ökonomisch, sozial und ökologisch verträgliche Wassernutzung (z. B. durch neuere Technologien wie die Tröpfchenbewässerung), Sparmaßnahmen und Vermeidung von Verlusten sind daher erforderlich.

3.3 Wasserkonflikte

In vielen Regionen der Welt haben die Menschen keinen gesicherten Zugang zu sauberem Trinkwasser. Oft übersteigt die Nachfrage nach Wasser das zur Verfügung stehende natürliche Potenzial. Klimawandel, ungeregelte Eigentumsrechte und schlechtes Management verschärfen die Wasserknappheit. Insbesondere in grenzüberschreitenden Flussgebieten besteht die Gefahr von **Verteilungskonflikten**, vor allem dort, wo Wasserknappheit und dichte Besiedlung aufeinandertreffen. Die Kontrolle über Wasserquellen ist immer wieder Auslöser für gewaltsame regionale Auseinandersetzungen.

Wasserressourcen oder Wassersysteme ...	2010 bis 2022
... werden beabsichtigt oder beiläufig Ziele von Gewalt	398
... werden in ihrem Zugang beschränkt und lösen Gewalt aus	434
... werden als Instrument oder als Waffe in einem gewaltsamen Konflikt eingesetzt	52

Wasserkonflikte nach Art der Konflikte

3.4 Nachhaltige Wassernutzung

TIPP Gliedern Sie bei Fragen zur Nachhaltigkeit nach den Aspekten „wirtschaftlich, sozial, ökologisch“ sowie ggf. nach positiven und negativen Folgen. Denken Sie daran, dass einzelne Aspekte teilweise mehrfach zuordenbar sein können. So kann die Intensivierung des Tourismus wirtschaftlich gesehen positive, aber in ökologischer Hinsicht negative Folgen haben.

Beispiel

Malta gehört zu den wasserärmsten Ländern Europas. Um die Wasserversorgung zu sichern, wird die Nutzung **fossilen Grundwassers**, das während der letzten Kaltzeit vor etwa 20 000 Jahren entstand, erwogen. Die Frage ist, ob dies eine nachhaltige Lösung für die Wasserprobleme Maltas darstellt.

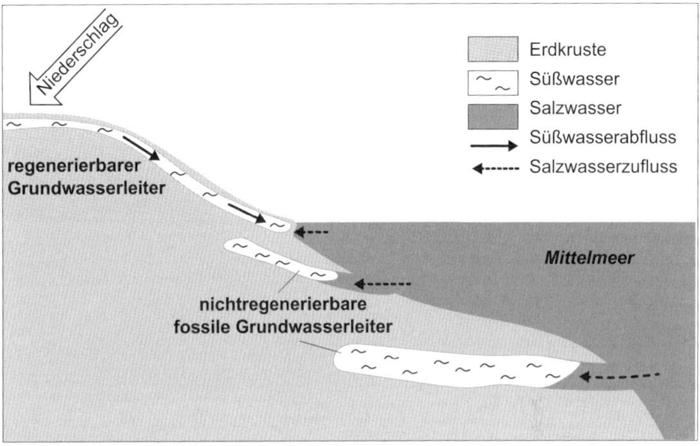

Nutzung von fossilem Grundwasser vor Malta

Argumente, die für die Nachhaltigkeit sprechen

- **Aus wirtschaftlicher Sicht:** Sicherung der Wasserversorgung für Landwirtschaft und Tourismus, Unabhängigkeit von teuren Meerwasserentsalzungsanlagen, gute Verdienstchancen während der Erschließungs- und Bauphase
- **Aus sozialer Sicht:** Senkung des Wasserpreises für die Bevölkerung, Schaffung von Arbeitsplätzen
- **Aus ökologischer Sicht:** Sicherung von Ökosystemen durch geringe Nutzung des Oberflächenwassers bzw. Grundwassers

Argumente, die gegen die Nachhaltigkeit sprechen

- **Aus wirtschaftlicher Sicht:** ungeklärte Rentabilität, hohe Investitionskosten für Pumpen auf offener See; Unkenntnis über tatsächliche Abpump- und Weiterverarbeitungskosten; Nutzungskonflikte zwischen Kabelplatzierung, Bergbau, Fischerei, Schifffahrt und Meeresforschung
- **Aus sozialer Sicht:** Belastungen der Küstenbewohner während der Bauphase
- **Aus ökologischer Sicht:** irreversible Folgeschäden für das Ökosystem Meer, Gefahr des Eindringens von Salzwasser in Grundwasserleiter, Endlichkeit der fossilen Wasserressourcen

Landschaftszonen

1 Grundlagen

1.1 Das geographische Komponentenmodell

Das **Strukturmodell der Landschaft** erfasst die in einem Raum ablaufenden natürlichen Prozesse. Dabei werden zunächst die **Merkmale** der sechs **Landschaftskomponenten** erfasst und beschrieben. Anschließend erfolgt die Darstellung von wechselseitigen Wirkungszusammenhängen zwischen den Komponenten.
Je kleiner der gewählte Raumausschnitt ist, desto detaillierter und konkreter sind Aussagen über die Merkmale und deren Zusammenhänge möglich. Für größere Räume sind diese nur sehr generalisiert zu erfassen und zu beschreiben.
Heute sind die meisten Landschaften vom Menschen genutzt bzw. durch menschliche Einflüsse beeinflusst.

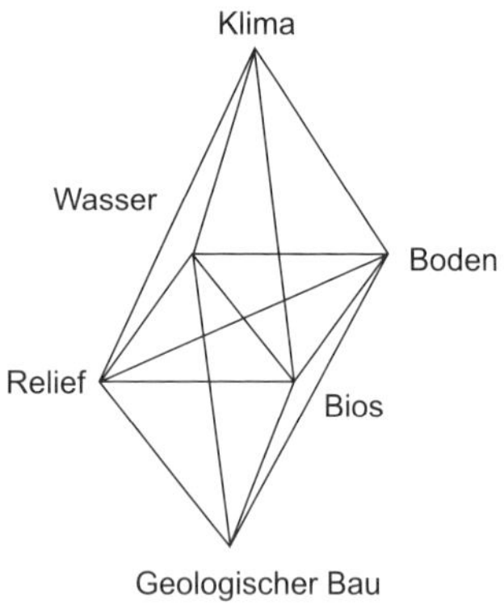

MERKMALE, z. B.:

Klima: Temperatur, Niederschlag, Luftfeuchtigkeit

Boden: Bodenart bzw. -typ, Nährstoffgehalt

Bios: Pflanzen- und Tierwelt

Geologischer Bau: Gestein, tektonische Verhältnisse

Relief: Täler, Ebenen, Berge, Küsten

Wasser: Flüsse, Seen, Eisbedeckung, Permafrost, Grundwasser

Landschaftskomponenten und deren Merkmale (nach Kramer)

TIPP Das Landschaftskomponentenmodell bietet eine gute Möglichkeit, Ihren Vortrag oder Ihre schriftliche Darstellung in der Abiturprüfung strukturiert zu gestalten.

1.2 Landschaftszonen der Erde

Die Landschaftszonen bzw. **Ökozonen** der Erde sind Großräume des Festlandes, die durch jeweils charakteristische Merkmale der Landschaftskomponenten und deren Zusammenhänge und Wechselwirkungen geprägt sind.

Die Landschaftszonen beruhen im Wesentlichen auf der klimatischen Großgliederung und sind daher **breitenkreisparallel** ausgebildet. Modifizierungen resultieren aus den geologischen Verhältnissen, der Lage zum Meer und der Höhenlage (Hochgebirge).
Aus den geoökologischen Merkmalen ergeben sich für die einzelnen Zonen Nutzungsmöglichkeiten und -beschränkungen.

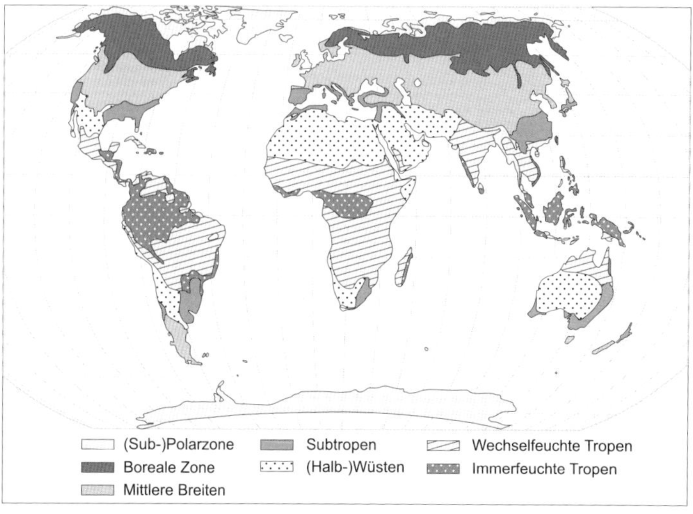

Ökozonen der Erde (vereinfachte Darstellung ohne Berücksichtigung der Sonderverhältnisse in den Gebirgen)

Beispiel

In der **Polarzone** gibt es aufgrund des Wärmemangels keine bzw. nur eine sehr geringe Vegetationsbedeckung. Es gibt keine Bodendecke bzw. nur nährstoffarme Rohböden. Die Tierwelt findet ihre Nahrung fast ausschließlich in den Meeresgebieten. Menschliche Nutzung ist nur mit technischen Hilfsmitteln und externer Versorgung möglich.

Die natürlichen Ökosysteme der Landschaftszonen sind durch die menschlichen Nutzungen zu großen Teilen verändert bzw. in Veränderung begriffen.

1.3 Das Konzept der Nachhaltigkeit

Mit dem Konzept der **Nachhaltigkeit** soll die Zukunftsfähigkeit des Planeten und der Menschheit gesichert werden.

Auf der UN-Konferenz für Umwelt und Entwicklung in Rio de Janeiro 1992 verpflichtete sich die große Mehrheit der Staaten auf eine langfristig angelegte Politik der Nachhaltigkeit. Seitdem gilt dieses Prinzip als Leitlinie für eine zukunftsfähige Entwicklung (Sustainable Development). Es beschreibt die Notwendigkeit, soziale, wirtschaftliche und ökologische Ziele gleichermaßen zu beachten und aufeinander abzustimmen. So kann es gelingen, die planetarischen Belastungsgrenzen nicht zu überschreiten und den nachfolgenden Generationen die gleichen Entwicklungschancen zu ermöglichen wie den vorangegangenen.

Nachhaltige Entwicklung

TIPP Mit dem Modell der Nachhaltigkeit lassen sich räumliche Entwicklungen beurteilen. Sammeln Sie anhand der gegebenen Materialien Argumente für und gegen die Nachhaltigkeitsdimensionen. Bewerten Sie diese und zeigen Sie – wenn gefordert – Handlungsalternativen für eine zukunftsfähige und gerechte Entwicklung auf.

2 Kaltgemäßigte Nadelwaldzone

2.1 Verbreitung und natürliche Bedingungen

Die boreale Zone ist ein 700 bis 2000 km breiter, erdumspannender Gürtel auf der Nordhalbkugel. Ihre Grenzen verlaufen durch den Einfluss von warmen bzw. kalten Meeresströmungen an den West- und Ostküsten Nordamerikas und Eurasiens unterschiedlich.

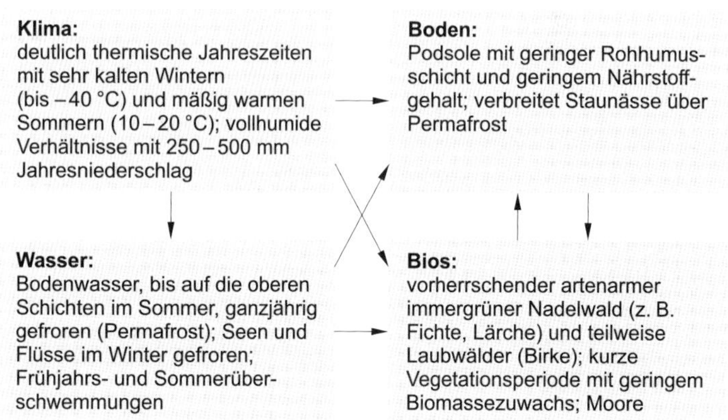

Wirkungsschema der Landschaftskomponenten in der kaltgemäßigten Nadelwaldzone

2.2 Nutzung

Große Teile der borealen Zone sind aufgrund der schwierigen, oft extremen Naturbedingungen bis heute nur dünn bzw. nicht besiedelt (Anökumene). Dennoch werden sie aufgrund ihres Reichtums an **Rohstoffen** zunehmend wirtschaftlich genutzt.

Forstwirtschaft

Die borealen Nadelwälder Nordamerikas und Eurasiens bilden die flächengrößten Waldgebiete der Erde. Hier wird in großen Mengen Holz insbesondere für die Bau- und Papierindustrie gewonnen. Lange Zeit wurde in vielen Regionen ein rücksichtsloser Waldraubbau in Form von Kahlschlagwirtschaft betrieben. Auf den brachliegenden, sich selbst überlassenen Flächen ist das Zusammenspiel der Landschaftskomponenten ge- bzw. zerstört. Aufgrund der natürlichen Bedingungen dauert die natürliche Regeneration sehr lang bzw. sind Schäden irreversibel.
Mit einer modernen Forstwirtschaft und z. B. schonendem Holzeinschlag, Aufforstungsmaßnahmen und Ausweisung von Schutzgebieten ist eine **nachhaltige Nutzung** möglich.

Gewinnung von Bodenschätzen

Aufgrund der riesigen Fläche dieser Zone gibt es hier auch entsprechend viele Lagerstätten. Sie werden, trotz der meist großen Entfernungen zu den Verbrauchern, zunehmend erschlossen und ausgebeutet. Die **Ressourcengewinnung** ist aber schwierig, u. a. wegen:

- Bauproblemen und -kosten aufgrund von Permafrostböden (Stelzenbau),
- hoher Kosten beim Aufbau und Erhalt von Dauersiedlungen,
- der schwierigen Versorgung der Bevölkerung mit Lebensmitteln und Konsumgütern,
- der starken gesundheitlichen Belastungen durch die klimatischen Bedingungen (extreme Kälte, Polarnacht),
- der langen Regenerationszeit geschädigter Ökosysteme.

Der Bergbau und die Erstverarbeitung der Rohstoffe ist mit intensiven Eingriffen in den Naturraum verbunden (Abholzung großer Flächen, Bau von Infrastruktur, Abraum, Abwässer). Erfolgt der Abbau im Siedlungsraum indigener Gruppen, ist deren traditionelle Lebensweise (nomadische Weidewirtschaft) bedroht.

3 Mediterrane Subtropen

3.1 Verbreitung und natürliche Bedingungen

Die mediterranen Subtropen als Teil der Subtropenzone liegen an den Westseiten der Kontinente zwischen 30° und 40° nördl. Breite bzw. 30° und 40° südl. Breite. Ihr Anteil beträgt weniger als 1 % der Festlandsfläche. Sie gehören zu den ältesten und am dichtesten besiedelten Räumen der Erde.

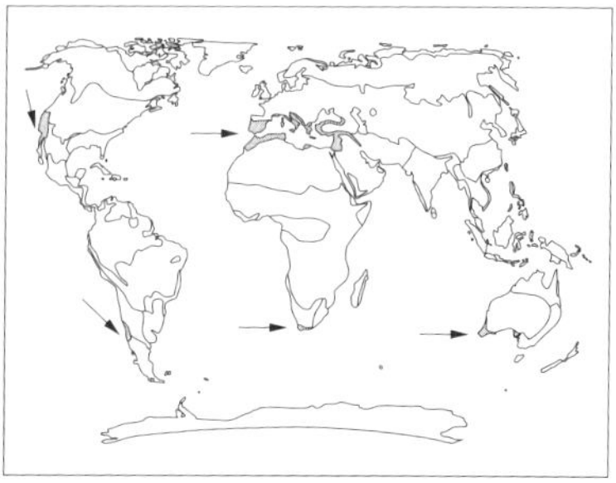

Klima:
thermische und hygrische Jahreszeiten; zyklonale Niederschläge in den Wintermonaten (humid); aride Sommer; sehr warme Sommer und milde Winter

Boden:
subtropische Roterden (Terra Rossa); mäßiger bis hoher Nährstoffgehalt und Speichervermögen; geringer Bodenwassergehalt in den Sommermonaten

Wasser:
geringere Wasserführung bzw. Austrocknung der Seen und Fließgewässer in den ariden Monaten; Abflussmaximum in Winter und Frühjahr

Bios:
artenreiche, immergrüne Hartlaubvegetation; Anpassung an sommerliche Trockenheit (z. B. kleine Blätter mit Verdunstungsschutz, dicke Borken, tiefreichende Wurzeln)

Wirkungsschema der Landschaftskomponenten in den mediterranen Subtropen

3.2 Nutzung

Über Jahrhunderte haben Ackerbau und Viehzucht sowie die Abholzung für Brennholz, Schiffs- und Wohnungsbau in nahezu allen Gebieten des Mittelmeerraums die natürliche Hartlaubvegetation deutlich zurückgedrängt und zur **Degradation** der Vegetation geführt.

Hartlaubvegetation	→	**Gestrüppformationen:** *Macchie:* hochwüchsig *Garrigue:* niederwüchsig	→	**Trockenrasen und Felsfluren:** Erosion, Zerschneidung der Hänge, winterliche Hochwässer aufgrund des fehlenden Schutzes der Wälder

Degradation der Vegetation im Mittelmeerraum

Landwirtschaft

Die Temperaturverhältnisse für den Anbau von Gemüse und anderen Feldfrüchten sind in den mediterranen Subtropen sehr günstig. Deren Produktion erfolgt vor allem in den Tieflandregionen. Außer bei Dauerkulturen wie Oliven oder Wein sind die geringen Niederschläge in den Sommermonaten der begrenzende Faktor, der durch **Bewässerung** reduziert wird.

Nassfeldbau	Aufstauen des Niederschlagswassers mittels Terrassen oder Dämmen, z. B. zum Reisanbau	
künstliche Bewässerung	Überflutungsbewässerung	Überflutung eingeebneter, umdämmter Felder; das Wasser versickert im Boden
	Furchenbewässerung	Einleitung von Wasser in Furchen, die die mit Pflanzen bewachsenen Dämme trennen
	Tröpfchenbewässerung	Bewässerung mittels oberirdisch auf dem Boden verlegter perforierter Schläuche, aus denen z. T. computergestützt dosiert Wasser austritt; oder unterirdisch: Unterflurbewässerung
	Beregnung	Wasserzufuhr mittels stationärer oder mobiler Sprühanlagen

Wichtige Bewässerungsverfahren im Überblick

- In den letzten Jahrzehnten hat der Bewässerungsfeldbau deutlich zugenommen. In Staubecken wird das Niederschlagswasser gesammelt, was den natürlichen Abfluss der Fließgewässer verändert. Oft wird Wasser durch Pipelines über große Entfernungen aus den Gebirgslagen den Agrarregionen zugeführt. Wird die knappe **Ressource Wasser** für die Landwirtschaft eingesetzt, fehlt sie in anderen Bereichen, z. B. Industrie, private Haushalte.
- Bei unsachgemäßer und extensiver Bewässerung geht viel Wasser verloren, z. B. durch Verdunstung bei offenen Kanälen und in Staubecken oder Wasserverluste an undichten Leitungen. Die Nutzung von Brunnenwasser führt zur deutlichen Absenkung des Grundwasserspiegels. Wird zu viel Wasser auf die Flächen gegeben, kommt es zur **Versalzung** und Verschlämmung der Böden.
- In den letzten Jahrzehnten hat der Anbau von Obst und Gemüse in großen Treibhäusern zugenommen, in denen ganzjährig geerntet werden kann. Der wirtschaftliche Erfolg beruht dabei oft auf schlechten Arbeitsbedingungen, z. B. dem Einsatz von Gastarbeitern mit geringer Bezahlung bei unzureichendem Arbeitsschutz.
- Mit modernen Methoden, z. B. der **Tröpfchenbewässerung**, und der Einführung von Sozialstandards kann eine nachhaltige Landwirtschaft etabliert werden.

Tourismus

Gründe dafür, dass sich der Mittelmeerraum seit den 1960er-Jahren zu einem der beliebtesten Touristenziele entwickelte, waren:
- günstige Klimabedingungen,
- vielfältige Landschaften,
- Vielzahl historischer Stätten,
- schnelle Erreichbarkeit für europäische Reisende.

Positive Folgen des Massentourismus sind z. B.:
- Strukturwandel von agrarisch geprägten Räumen zu Dienstleistungsregionen mit einem Wohlstandsgewinn der Bevölkerung,
- hohe Einnahmen für die Staaten und Urlaubsregionen,
- Ausbau der Infrastruktur (Verkehr, Dienstleistungen).

Negative Folgen des Massentourismus sind z. B.

- Überprägung traditioneller Lebensweisen, v. a. in Küstendörfern,
- Zerstörung des Naturraums (Bau von Hotels und touristischen Anlagen, Verkehrsinfrastruktur),
- Übernutzung des Naturraumpotenzials (Wasserversorgung),
- Umweltbelastungen (Abwässer, Abfall, Luftverschmutzung),
- Überlastung städtischer Strukturen, v. a. in Hafenstädten mit Kreuzfahrtschiffanbindung (Overtourism).

4 Immerfeuchte Tropen

4.1 Verbreitung und natürliche Bedingungen

Die immerfeuchten Tropen liegen beiderseits des Äquators etwa zwischen 10° nördl. und 10° südl. Breite. Sie nehmen knapp 9 % der Festlandsfläche der Erde ein. Hauptverbreitungsgebiete sind das Amazonas- und Kongobecken sowie Südostasien.

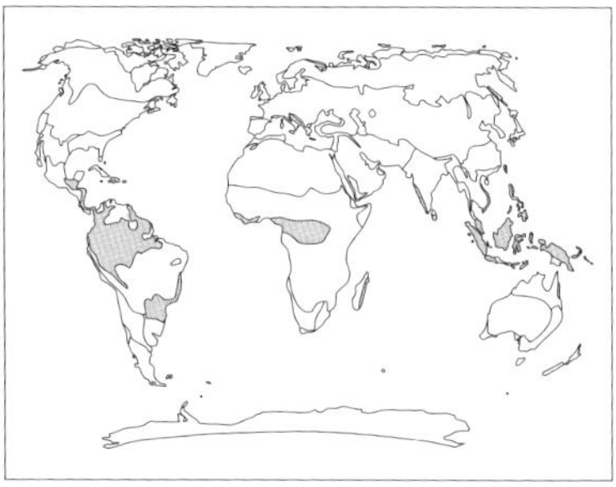

Klima:
ganzjährig hohe Monatsmitteltemperatur mit Tagesschwankungen von bis zu 10 °C (Tageszeitenklima); ganzjährig hohe Niederschläge

Boden:
außer in Vulkangebieten und Flusstälern sehr alte, tief verwitterte Böden;
geringer Humusgehalt;
geringe Nährstoffspeicherfähigkeit

Wasser:
große Flussdichte mit hohen Abflussmengen, interner Wasserkreislauf des tropischen Regenwaldes

Vegetation:
ganzjähriges Wachstum; immergrüner artenreicher Regenwald; Stockwerkbau; hoher Biomassezuwachs; kurzgeschlossener Nährstoffkreislauf

Wirkungsschema der Landschaftskomponenten in den immerfeuchten Tropen

4.2 Nutzung

Die indigene Bevölkerung hat mit dem Brandrodungsfeldbau **(Shifting Cultivation)** eine angepasste agrarische Nutzungsform entwickelt. Dabei werden kleine Regenwaldflächen gerodet und in Brand gesetzt. Die Asche düngt den nährstoffarmen Boden. Sinkt die Bodenfruchtbarkeit, wird die Anbaufläche sich selbst überlassen (Brache) und ein neues Stück in Anspruch genommen. Auf den brachliegenden Feldern regeneriert sich der Regenwald von selbst, auch weil die Wurzeln der ehemaligen Vegetation nicht vernichtet wurden. Jahre später kann dann die Fläche wieder neu genutzt werden. Das System des Brandrodungsfeldbaus eignet sich allerdings nur für die **Subsistenzwirtschaft** (Produktion von Gütern für den eigenen Bedarf) einer kleinen Bevölkerungsgruppe. Mit steigender Bevölkerungszahl und wirtschaftlicher Expansion ist diese Form der Nutzung nicht mehr rentabel.

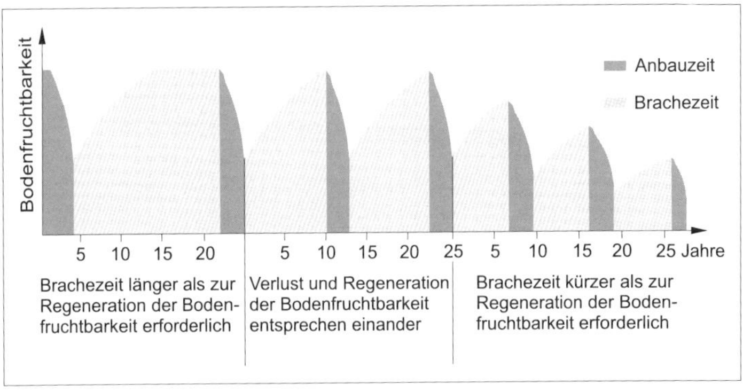

Entwicklung der Ernteerträge bei der Shifting Cultivation

Ursachen nicht angepasster Landnutzung

Heute ist nur noch weniger als die Hälfte der Regenwälder der immerfeuchten Tropen unberührt. In den anderen Bereichen hat der Mensch nach und nach Waldflächen vernichtet, u. a. durch:

- den Bau von Verkehrswegen durch die Regenwaldgebiete, von denen Besiedlung und Nutzung ausgehen,
- die Inanspruchnahme großer Regenwaldflächen für die Landwirtschaft (**Agrarkolonisation**) zum Anbau von Nahrungsmitteln für

die eigene Bevölkerung, aber auch für den Export von Agrargütern, meist durch agroindustrielle, häufig auch kapitalstarke ausländische Unternehmen;
- das Fällen tropischer Hölzer und deren Export;
- Großprojekte, z. B. den Bau von Wasserkraftwerken oder den Abbau vorhandener Bodenschätze.

Folgen der Regenwaldabholzung

- Veränderungen im Ökosystem mit irreversiblen Schäden (erhöhter Oberflächenabfluss führt zur Bodenerosion und Absenkung des Grundwasserspiegels),
- Veränderungen im lokalen Klima (geringere Verdunstung, erhöhte Einstrahlung, Störung des internen Wasserkreislaufes),
- Auswirkungen auf das globale Klima (Verringerung der Niederschläge und Temperaturerhöhung in der Äquatorregion mit Folgen für das globale Druck- und Windsystem),
- Rückgang der Artenvielfalt,
- Vernichtung traditioneller Lebensformen und Lebensräume der indigenen Bevölkerung.

Plantagenwirtschaft

Der Großteil der weltweit exportierten Agrarprodukte, sogenannter **Cash Crops**, stammt aus **Plantagen**. Das sind Großbetriebe mit mehreren Tausend Hektar Fläche, auf denen mit einem hohen Einsatz von Technik, Arbeitskräften und Kapital meist nur ein Anbauprodukt in **Monokultur** gewinnorientiert produziert wird. Der Einsatz von Kunstdüngern und Pestiziden ist bei dieser Wirtschaftsform unabdinglich.

Ecofarming

Als Alternative zu den Plantagen orientiert sich das Konzept an einer kleinbäuerlichen Landbewirtschaftung mit **angepassten Bewirtschaftungsmethoden**, um eine dauerhafte Produktivität zu erzielen. Das gelingt durch den Anbau von Mischkulturen unter Bäumen und Büschen, die Nutzung von organischen Düngern aus pflanzlichen und tierischen Abfällen und die Einhaltung von Brachzeiten.

Globale Bevölkerungsentwicklung

1 Bevölkerungsentwicklung

1.1 Bevölkerungswachstum

2023 lebten über **8 Milliarden** Menschen auf der Erde. Seit etwa 100 Jahren wächst die Weltbevölkerung in einem rasanten Tempo. Trotz sinkender Wachstumsraten in den letzten Jahren gehen die meisten Prognosen davon aus, dass die Einwohnerzahl weiterhin zunehmen wird.
Bevölkerungsprognosen basieren auf mathematischen Modellen, in die Daten über die aktuelle Bevölkerung, Annahmen über die künftige Entwicklung der Geburten- und Sterberate sowie die wirtschaftliche Entwicklung eingehen.

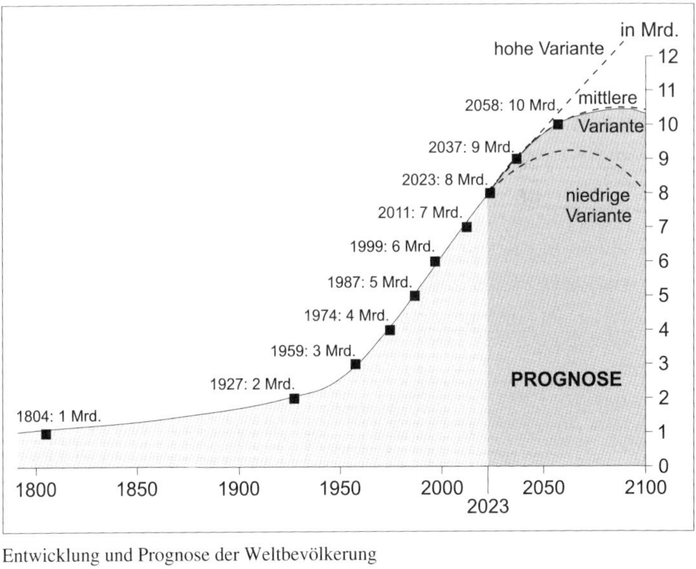

Entwicklung und Prognose der Weltbevölkerung

1.2 Bevölkerungsverteilung

Die Bevölkerung ist auf der Erde ungleich verteilt. Regionen, die aufgrund der natürlichen Bedingungen für eine dauerhafte Besiedlung nicht geeignet sind, bilden die **Anökumene**. Die von Menschen bewohnten bzw. bewohnbaren Gebiete umfassen die **Ökumene**. Die Küstenregionen und großen Flussebenen der Ökumene sind die am dichtesten besiedelten Gebiete der Erde. Die Bevölkerungsdichte nimmt in der Regel mit zunehmender Entfernung zum Meer ab.

Beispiel

Anökumene	Palmerland (Antarktis)	Polares Klima und Dauerfrostboden verhindern die landwirtschaftliche Nutzung. Der Bau von Dauersiedlungen auf Eis- bzw. Felsflächen ist nicht oder nur schwer möglich.
Ökumene	Kalifornien	Hier reicht die Wärme für den Ackerbau aus. Im Jahresverlauf fallen ausreichende Niederschläge, um die Wasserversorgung zu sichern.

2 Demographischer Übergang

2.1 Modell des demographischen Übergangs

Das **Modell des demographischen Übergangs** beschreibt den idealtypischen Wandel der Geburten- und Sterberaten von der vorindustriellen zur modernen Gesellschaft.

- **Geburtenrate:** Zahl der Lebendgeborenen pro Jahr bezogen auf 1 000 Einwohner
- **Sterberate:** Zahl der Gestorbenen pro Jahr bezogen auf 1 000 Einwohner
- **Zuwachsrate:** Differenz aus Geburten- und Sterberate (= natürliches Bevölkerungswachstum ohne Migration)
- **Gesamtfruchtbarkeitsrate:** durchschnittliche Kinderzahl pro Frau (engl.: *Total Fertility Rate, TFR*)

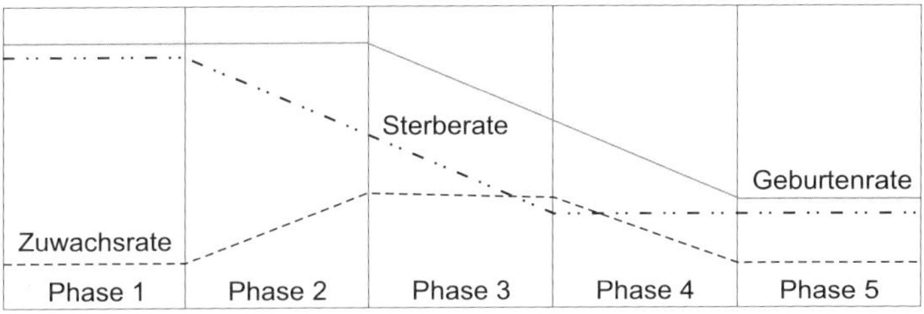

1. Prätransformative Phase	hohe Geburten- und Sterberate → geringes Bevölkerungswachstum
2. Frühtransformative Phase	rasch fallende Sterberate, konstante Geburtenrate → steigendes Bevölkerungswachstum
3. Mitteltransformative Phase	sinkende Sterbe- und nun auch Geburtenrate → hohes Bevölkerungswachstum
4. Spättransformative Phase	deutlich fallende Geburtenrate → sinkendes Bevölkerungswachstum
5. Posttransformative Phase	niedrige Geburten- und Sterberate → geringes Bevölkerungswachstum

Modell des demographischen Übergangs

Ursachen für die Entwicklung der Sterberate

Der Rückgang der Sterberate ab Phase 2 ist auf die Fortschritte im Zuge der Industrialisierung bzw. der wirtschaftlichen Entwicklung zurückzuführen. Die Verbesserung der Nahrungsmittelversorgung und die Modernisierung der sozialen Infrastruktur (medizinischer Fortschritt, Trinkwasserversorgung, Abwasserreinigung, schulische Bildung) lässt die Kindersterblichkeit schnell sinken und gleichzeitig die Lebenserwartung stark steigen.

Ursachen für die Entwicklung der Geburtenrate

Die Gesamtfruchtbarkeitsrate bleibt in der zweiten Phase aufgrund traditioneller Vorstellungen zunächst hoch. Erst im weiteren Verlauf fällt sie, da mit wachsendem Wohlstand die Bedeutung der Kinder als Arbeitskraft oder als Alterssicherung der Eltern sinkt. Gleichzeitig steigen die Aufwendungen für die Ausbildung der Kinder. Die Einführung und Akzeptanz von Kontrazeptiva und eine bewusste Familienplanung führen zum weiteren Absinken der Geburtenrate.

2.2 Demographischer Wandel in Industrie- und Entwicklungsländern

Demographischer Wandel in hoch entwickelten Ländern

Das Modell des demographischen Übergangs basiert auf der Situation in den Industriestaaten im 19. und 20. Jahrhundert. Je später die Industrialisierung begann, desto schneller lief der demographische Übergang ab. Mittlerweile befinden sich viele Industrie- und Schwellenländer in einer weiteren Phase des demographischen Übergangs. In diesen Staaten liegt die Sterberate heute über der Geburtenrate. Neuere Modelle weisen diese Phase als **zweiten demographischen Übergang** aus.

Maßnahmen der **Bevölkerungspolitik** mit dem Ziel „mehr Geburten" sind z. B.:

- Ausbau von Kinderbetreuungseinrichtungen,
- Anerkennung von Erziehungszeiten bei der Rentenberechnung,
- einkommensabhängiges Elterngeld.

Demographischer Wandel in wenig entwickelten Ländern

Der Prozess der demographischen Transformation setzt aufgrund der wirtschaftlichen Entwicklung später ein. Allerdings sinkt die Sterberate im Vergleich sehr schnell, sodass die Wachstumsraten sehr hoch sind („Bevölkerungsexplosion"). Mittlerweile geht die Fertilitätsrate und damit auch die Geburtenrate in den meisten diese Länder deutlich zurück, auch aufgrund gezielter politischer Aktivitäten.

Maßnahmen der **Bevölkerungspolitik** mit dem Ziel „weniger Geburten" sind z. B.:

- Belohnungssystem für geringere Kinderzahl bzw. Zwangsmaßnahmen,
- Aufklärungskampagnen,
- Programme zur Emanzipation der Frauen.

Beispiel

Mitte des 20. Jahrhunderts trat die chinesische Bevölkerung in die zweite Phase des demographischen Übergangs ein. Das Land war mit einem sehr starken Bevölkerungswachstum konfrontiert und hat mit der **Ein-Kind-Politik** das politische Instrument der **Geburtenkon-**

trolle angewandt, was zu einem schnellen Rückgang der Geburtenrate führte. Seitdem hat sich das Bevölkerungswachstum, auch durch den wirtschaftlichen Aufschwung und den Übergang in die fünfte Phase des demographischen Übergangs, deutlich verringert. 2016 hat China die Ein-Kind-Politik in eine **Zwei-Kind-Politik** und seit 2021 in eine **Drei-Kind-Politik** umgewandelt. Eltern müssen keine Strafe mehr zahlen, wenn sie mehr als ein Kind bekommen – es gibt sogar Anreize wie Kindergeld, bezahlten Erziehungsurlaub oder Wohnungskredite, um den wirtschaftlichen Problemen, die im Zuge der **Überalterung** der Gesellschaft entstehen, entgegenzuwirken.

TIPP Beachten Sie bei Aufgaben zur Bevölkerungsentwicklung, dass diese nicht immer alle Phasen des Modells des demographischen Übergangs umfassen und Abweichungen vom idealtypischen Verlauf vorkommen.

3 Altersstruktur

3.1 Bevölkerungsdiagramme

Die **Altersstruktur** beschreibt die Anzahl bzw. den Anteil von Menschen in verschiedenen Altersgruppen. Meist wird zwischen drei Gruppen unterschieden:

- Kinder und Jugendliche (0–14 Jahre)
- Personen im erwerbsfähigen Alter (15–65 Jahre)
- Senioren (> 65 Jahre)

Die Altersgrenzen können sich aufgrund der statistischen Grenzwerte der einzelnen Länder unterscheiden. Letztlich geht es um den Anteil der Erwerbstätigen, die die Mittel für die Versorgung der Jungen und Alten bereitstellen müssen.

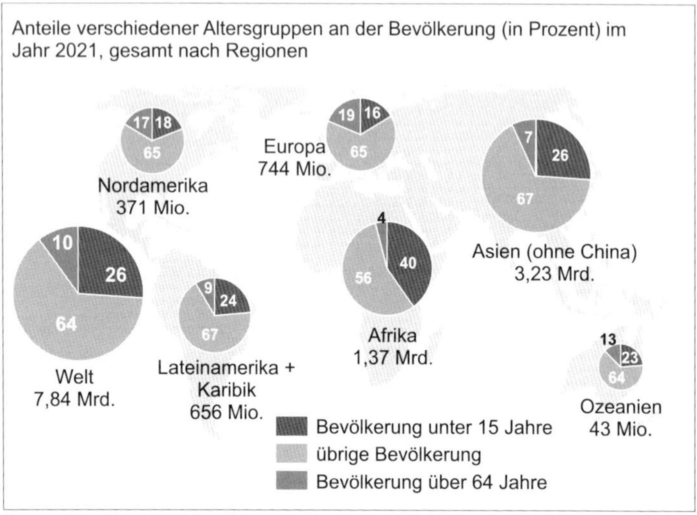

Regionale Verteilung der Weltbevölkerung (in %), Stand 2021

Bevölkerungs- bzw. Altersstrukturdiagramm (umgangssprachlich „**Alterspyramide**"): Darstellung des Altersaufbaus der Bevölkerung eines Landes. Unterschieden werden die Altersgruppen nach Frauen und Männern. Ihr Anteil kann in absoluten oder relativen Zahlen angegeben werden. Es gibt verschiedene Grundformen und Begrifflichkeiten für Altersstrukturdiagramme.

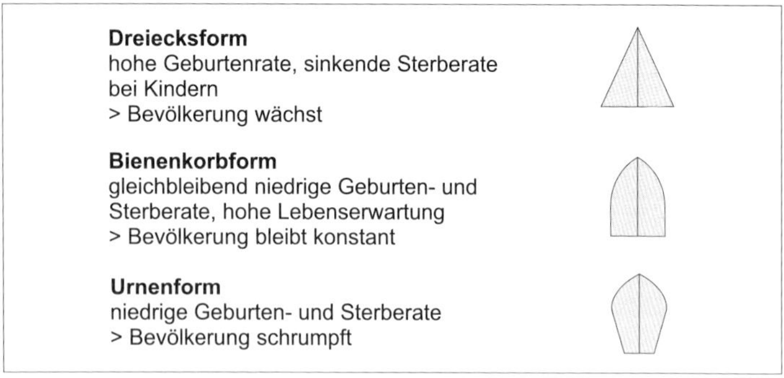

Ausgewählte Grundformen von Bevölkerungsdiagrammen

Beispiel

Das Bevölkerungsdiagramm beschreibt die **Altersstruktur Deutschlands** für die Jahre 1990 und 2019. Die Altersklassen sind in absoluten Werten angegeben. Die Altersverteilung zeigt zahlreiche Unregelmäßigkeiten, die v. a. aus den Veränderungen in der Geburtenrate resultieren, z. B. geringe Geburtenanzahl nach dem Zweiten Weltkrieg, Babyboom der 1960er-Jahre, Rückgang der Geburtenrate beim Eintritt in die fünfte Phase des demographischen Übergangs. Im Laufe der zeitlichen Entwicklung ähnelt die Altersstruktur Deutschlands immer mehr der Urnenform. Das bedeutet, dass ohne Zuwanderung jede neue Generation kleiner wird. Im Jahr 2060 wird fast ein Drittel der Bevölkerung im nicht mehr erwerbsfähigen Alter sein; weniger als ein Fünftel sind dann Kinder und Jugendliche.

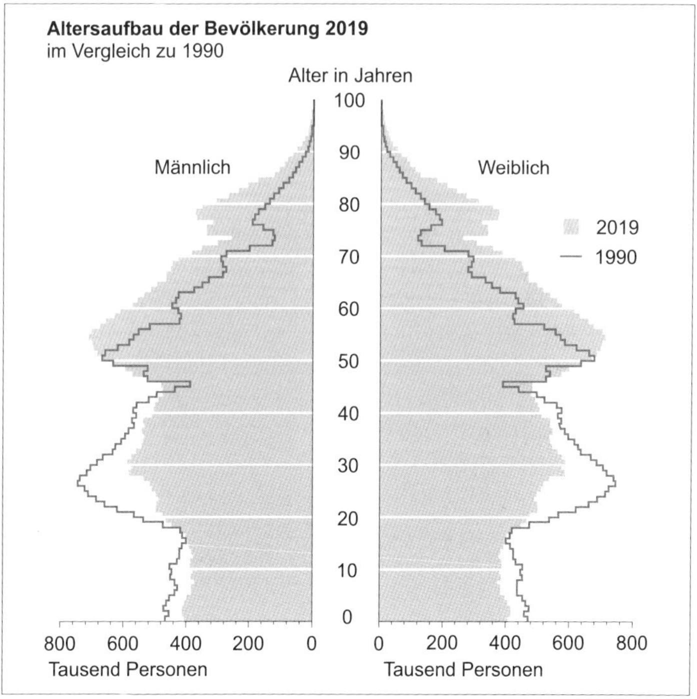

Altersaufbau der Bevölkerung in Deutschland

3.2 Altersstruktur in Industrie- und Entwicklungsländern

Altersstruktur in hoch entwickelten Ländern

Diese Staaten müssen sich vor allem mit der Herausforderung der **Überalterung** der Gesellschaft auseinandersetzen.

- Der Anteil der erwerbstätigen Bevölkerung gegenüber den zu versorgenden Altersgruppen sinkt stetig. Damit geht ein Mangel an Arbeitskräften einher, dem durch technische Lösungen und effizientere Produktionsformen sowie Anwerbung von Fachkräften aus dem Ausland begegnet werden kann.
- Die Länder stehen vor der Herausforderung, die soziale Infrastruktur (z. B. Krankenhäuser und Pflegeeinrichtungen, Schulen, Verkehr) und die sozialen Sicherungssysteme (Rente) anzupassen und neu zu strukturieren.

Altersstruktur in wenig entwickelten Ländern

Diese Staaten müssen sich vor allem mit der Herausforderung einer stark wachsenden jungen Bevölkerung auseinandersetzen.

- Wohnraum, Bildungs- und Versorgungseinrichtungen sowie Arbeitsplätze müssen geschaffen werden. Das sind für die meist wirtschaftlich schwachen Staaten nur schwer bzw. kaum lösbare Probleme.
- Allerdings liegt in der Altersstruktur (viele junge Menschen und ein geringer Anteil älterer Bevölkerung) auch eine Chance. Denn es stehen in den kommenden Jahren viele Arbeitskräfte zur Verfügung, die wenige Abhängige versorgen müssen. Voraussetzung dafür, dass diese **demographische Dividende** genutzt werden kann, sind die Entwicklung stabiler politischer, rechtlicher und wirtschaftlicher Strukturen sowie ein gutes Bildungssystem.

TIPP Beachten Sie, dass konkrete Bevölkerungsdiagramme meist nicht den Idealformen entsprechen bzw. auch Mischformen auftreten können.

Verstädterung

1 Ursachen des Verstädterungsprozesses

1.1 Globales Städtewachstum

Heute lebt mehr als die Hälfte der Weltbevölkerung in Städten, das sind etwa 4,5 Milliarden Menschen. Das globale Städtewachstum setzte gleichzeitig mit dem starken Anstieg der Weltbevölkerung um das Jahr 1950 ein. Damals lebten erst knapp 30 % der Weltbevölkerung in Städten.

	2015	2020	Prognose 2050
Welt	53,9 %	56,2 %	68,4 %
entwickelte Länder	78,1 %	79,1 %	86,6 %
wenig entwickelte Länder	49,0 %	51,7 %	65,6 %

Anteil der Menschen, die in Städten leben

Im globalen Verstädterungsprozess haben einige Städte hinsichtlich ihrer Einwohnerzahl bzw. ihres globalen bzw. nationalen wirtschaftlichen Gewichts an besonderer Bedeutung gewonnen.

- **Megacitys** (Megastädte): Städte mit über 10 Millionen Menschen
- **Global Citys:** Städte, in denen transnationale Unternehmen und internationale Organisationen ihren Standort haben und in denen sich globale Verkehrs-, Finanz- und Informationsströme bündeln
- **Primate Citys** (Primatstädte): Städte, die im nationalen Städtesystem einen Bedeutungsüberschuss haben. Sie besitzen gegenüber der zweitgrößten Stadt eines Landes eine vielfach höhere Einwohnerzahl.

Beispiel

Paris ist mit 11 Mio. Einwohnern nicht nur eine Megacity, sondern auch eine Primatstadt in einem zentralistisch ausgerichteten Industrieland und aufgrund ihrer wirtschaftlichen und kulturellen Internationalität auch eine Global City.

1.2 Push-Pull-Modell

Das globale Städtewachstum resultiert zum großen Teil aus der Land-Stadt-Wanderung, die mit dem Push-Pull-Modell erklärt wird:

- **Push-Faktoren** führen dazu, dass die Menschen aus einem bestimmten Gebiet, z. B. dem ländlichen Raum, wegziehen.
- **Pull-Faktoren** lassen im Zielgebiet, z. B. in der Stadt, auf ein besseres Leben hoffen.

Push-Faktoren Gründe für die Landflucht	**Pull-Faktoren** Erwartungen an ein Leben in der Stadt
• Arbeitslosigkeit und Armut • kaum bzw. geringere Bildungsmöglichkeiten • mangelnde medizinische Versorgung • schlechte Infrastruktur (z. B. Anbindung an das Straßennetz bzw. den öffentlichen Verkehr) • Überbevölkerung und soziale Zwänge • ökologische Probleme (z. B. Dürren)	• attraktive Arbeitsplätze und guter Verdienst • Bildungs- und Aufstiegschancen • Ärzte und Krankenhäuser • modernere Infrastruktur (Internet) • offenere Gesellschaftsstrukturen • bessere Lebensbedingungen (z. B. Kultur- und Freizeiteinrichtungen) • Fühlungsvorteile für Gründer von Unternehmen bzw. Start-ups

Push- und Pull-Faktoren

Die **Land-Stadt-Wanderung** ist auch durch persönliche Gründe (z. B. Nachzug von Familienmitgliedern, Freunde ziehen in die Stadt) und attraktive Darstellungen städtischen Lebens im Fernsehen oder Internet motiviert.

Da der Anteil junger Menschen bei der Zuwanderung in die Städte vergleichsweise hoch ist, wächst die Einwohnerzahl in urbanen Räumen auch durch das **natürliche Bevölkerungswachstum** (Geburtenrate > Sterberate).

1.3 Verstädterungsprozesse in Industrie- und Entwicklungsländern

Der globale Verstädterungsprozess läuft regional verschieden ab. In den Industrieländern ist der Zuwachs nahezu abgeschlossen. Heute erleben vor allem die Städte in den Entwicklungs- und Schwellenländern eine dynamische Bevölkerungszunahme.

Industrieländer

- Das Städtewachstum setzte schon im 18. Jahrhundert ein.
- Das gegenwärtige Wachstum resultiert zum größten Teil aus der Land-Stadt-Wanderung.
- Verstädterungsprozesse verlaufen heute meist langsam bzw. sind abgeschlossen.
- Das heutige Stadtwachstum beruht v. a. auf der Tertiärisierung der Wirtschaft, die an Städte gebunden ist.
- Städte in Ungunsträumen haben Einwohnerverluste durch ein negatives natürliches Bevölkerungswachstum (Sterberate > Geburtenrate) und Abwanderung aufgrund der Strukturschwäche.

Entwicklungsländer

- Verstädterungsprozesse setzten im 20. Jahrhundert ein, oft erst nach den 1950er-Jahren.
- Neben der hohen Land-Stadt-Wanderung trägt auch das natürliche Bevölkerungswachstum zum Anstieg der Einwohnerzahl bei.
- Die Verstädterung verläuft sehr schnell und greift weit ins Umland.
- Die Verstädterung erfolgt überwiegend ungesteuert und unkontrolliert; die Zuwandernden haben keine ausreichenden Perspektiven (fehlende Arbeitsplätze, Mangel an Wohnraum und Versorgungseinrichtungen, überforderte Behörden).
- Der Verstädterungsprozess ist in den asiatischen und afrikanischen Staaten in vollem Gange.

2 Auswirkungen des Verstädterungsprozesses in Entwicklungsländern

2.1 Probleme von Megacitys

Das dynamische Einwohnerwachstum stellt die Megacitys vor allem in den wenig entwickelten Ländern vor große Herausforderungen:

- räumliche **Segregation** (z. B. Absonderung von Bevölkerungsgruppen nach sozialer Schicht oder ethisch-kulturellem Hintergrund, Gated Communitys),
- Entstehung von **Marginalsiedlungen** bzw. **Slums** (illegale Siedlungen am Stadtrand entlang von Verkehrsachsen, aber auch in heruntergekommenen ehemaligen Wohnvierteln der Oberschicht oder oberen Mittelschicht),
- Zunahme der Beschäftigung bzw. Notwendigkeit einer Arbeit im **informellen Sektor** ohne regelmäßiges Einkommen und soziale Absicherung,
- hohe Kriminalitätsrate,
- stadtökologische Probleme (unzureichende Wasser- und Stromversorgung, Luftverschmutzung, unkontrollierte Abwasser- und Müllentsorgung),
- Verkehrsprobleme (Überlastung des Straßennetzes, Luft- und Lärmverschmutzung, überlasteter ÖPNV bzw. hohe Investitionskosten für dessen Ausbau),
- Verschärfung innerstaatlicher Disparitäten zwischen wirtschaftlich starken urbanen Zentren und abgehängten ländlichen Regionen.

2.2 Lösungsansätze

Der oft geringe wirtschaftliche Entwicklungsstand erschwert die Lösung der Probleme, die durch die Konzentration von Bevölkerung und Funktionen in Megastädten (**Megapolisierung**) entstehen. Gleichzeitig besitzen die Megastädte als Zentren für Innovation, Wirtschaft und Kultur Potenziale, den notwendigen Wandel zu befördern und Entwicklungsimpulse für das Umland bzw. das gesamte Land zu initiieren.

Lösungsmöglichkeiten

- Legalisierung und Sanierung bestehender Marginalsiedlungen,
- Förderung der Sanierung durch die Bewohner der Marginalsiedlungen (z. B. durch Bereitstellung von Baumaterialien, Beratung),
- Ausbau des Verkehrs- und Infrastrukturnetzes durch die städtische Verwaltung bzw. staatliche Investitionen,
- Erweiterung des Arbeitsplatzangebots im formellen Sektor (z. B. durch die öffentliche Hand, Einrichtung von Sonderwirtschaftszonen und damit Nutzung von ausländischen Direktinvestitionen),
- Stärkung der Stadtverwaltungseinrichtungen (z. B. effektive und transparent arbeitende Behörden, Kampf gegen Korruption, Ertüchtigung und Professionalisierung der Stadtplanung),
- Ausweisung von Naturschutzgebieten im näheren Stadtumland,
- Abbau von innerstaatlichen Disparitäten durch die Entwicklung des ländlichen Raums,
- Bau von neuen Städten (Entlastungsstädte, Satellitenstädte, „New Towns“) am Stadtrand bzw. im näheren Umland.

Beispiel

Die Einwohnerzahl der chinesischen Stadt Shanghai hat sich seit 1995 fast verdreifacht und liegt heute bei 27 Millionen Einwohnern; bis 2035 soll sie um weitere sieben Millionen Menschen wachsen. Mit der Initiative „One City, Nine Towns“ soll die Bevölkerung in neu errichteten Vororten, sogenannten **New Towns**, angesiedelt werden. Diese werden alle mit der Bahn an Shanghai angeschlossen. Die Mieten sind dort deutlich billiger, aber der Fahrweg zu den Arbeitsstätten ins Stadtzentrum lang. Die neuen Städte entstehen auf bislang landwirtschaftlich genutzten Flächen.

TIPP In der mündlichen und schriftlichen Prüfung erhalten Sie zur Thematik der globalen Verstädterung meist konkrete Raumbeispiele. Werten Sie dazu die gegebenen Materialien aus und übertragen Sie Ihr Wissen zu den Verstädterungsprozessen auf die jeweiligen Gegebenheiten. Projekte oder Maßnahmen können Sie unter dem Aspekt der Nachhaltigkeit strukturiert beurteilen.

Stadt in Deutschland

1 Stadtstrukturen

1.1 Geographischer Stadtbegriff

Städte sind Siedlungen, die unterschiedlich definiert werden können.

- **Historisch-juristischer Stadtbegriff:**
  Siedlungen, die in früheren Zeiten das Stadtrecht, verbunden mit verschiedenen Rechten (z. B. Markt-, Münz-, Zollrecht, Hanse), verliehen bekommen haben.
- **Statistischer Stadtbegriff:**
  Alle Siedlungen, die eine bestimmte Einwohnerzahl überschreiten. Die Abgrenzung ist länderspezifisch. So werden in Deutschland Gemeinden mit mehr als 2 000 Einwohnerinnen und Einwohnern statistisch als Stadt geführt, während z. B. in Island 200 oder in Japan 50 000 Personen als Grenzwerte gelten.
- **Geographischer Stadtbegriff:**
  Qualitative Definition, mit der sich Strukturen und Herausforderungen des Lebensraums Stadt herausarbeiten lassen. Städte sind demnach Siedlungen mit besonderen physiognomischen, strukturellen und funktionalen Merkmalen:

  Erscheinungsbild (Physiognomie): z. B.
  - dichte, überwiegend geschlossene Bebauung,
  - vom Stadtrand zur Stadtmitte zunehmende Gebäudehöhe,
  - hierarchisch gestuftes Straßennetz,
  - ausgebauter öffentlicher Personennahverkehr (ÖPNV).

  Struktur: z. B.
  - erkennbare Stadtentwicklungsphasen,
  - Gliederung in Stadtviertel (z. B. Wohnviertel, innerstädtische Erholungsgebiete, Gewerbe- und Industrieflächen),
  - sozialräumliche Gliederung (z. B. nach Einkommen, Ethnien, beruflicher Tätigkeit).

Funktion:
- hohe Wohn- und Arbeitsstättendichte,
- Spezialangebote im Bildungs-, Gesundheits-, Geschäfts-, Dienstleistungs- und Kulturbereich, die von der Stadtbevölkerung, aber auch von den Bewohnern des Umlands genutzt werden,
- hoher Anteil des tertiären Sektors.

1.2 Grunddaseinsfunktionen

Städte bieten ihren Bewohnerinnen und Bewohnern die Möglichkeit, alle ihre **Grunddaseinsfunktionen** in unmittelbarer räumlicher Nachbarschaft zu befriedigen *(vgl. Abb.)*.

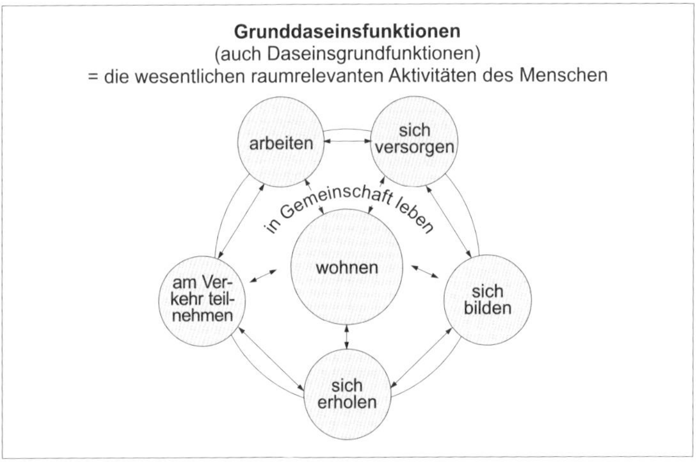

Grunddaseinsfunktionen

Städte sind darüber hinaus Kristallisationspunkte neuer Ideen und Entwicklungen. Sie ermöglichen neue Lebensstile und individuelle Formen der Selbstverwirklichung.

TIPP Der Stadtbegriff eignet sich gut als Einstieg in eine mündliche Prüfungsfrage zum Thema Stadt. Die Grunddaseinsfunktionen können die geographische Stadtdefinition illustrieren.

2 Stadtentwicklung

2.1 Stadtentwicklungsetappen in Mitteleuropa

Römische Siedlungen

Rom, die Hauptstadt des Römischen Reiches, diente in Europa vielerorts als Vorbild bei der Gründung und dem Bau von Städten. Bis heute sind in den Städten, die in dieser Epoche entstanden sind, das rechtwinklige Straßennetz, der im Kreuzungspunkt der beiden Hauptstraßen befindliche Marktplatz (Forum) sowie wichtige Einrichtungen im Zentrum (z. B. Rathaus, Behörden) erkennbar.

Beispiel

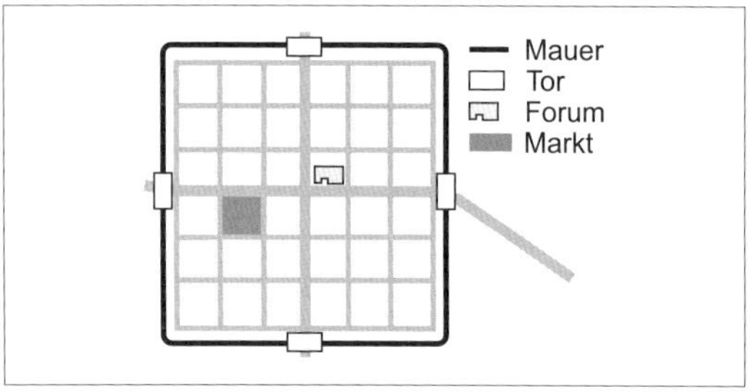

Grundriss der römischen Stadt (Köln, Mainz, Trier, Regensburg)

Vom Mittelalter bis zur Industrialisierung

Ab dem 8. Jahrhundert setzte die erste Phase der mittelalterlichen Stadtgründungen ein.

Gründe:

- Entwicklung von Wirtschaft und Freihandel,
- Ausweitung kirchlicher und fürstlicher Macht,
- Arbeitsplatzkonzentration,
- Schutzfunktion (Stadtmauer).

Im 13. Jahrhundert kam es zu einer zweiten Stadtgründungwelle.

Im weiteren zeitlichen Verlauf kam es zu Stadterweiterungen bzw. Veränderungen im Stadtbild. Die Geschichte der europäischen Städte kann in **drei große Epochen** gegliedert werden.

Städtebau-epoche	**Mittelalter (8.–15. Jh.) Handels- und Bürgerstadt**	**Absolutismus (16.–18. Jh.) Residenzstadt**	**Industrialisierung (19. Jh.) Industriestadt**
Grundriss	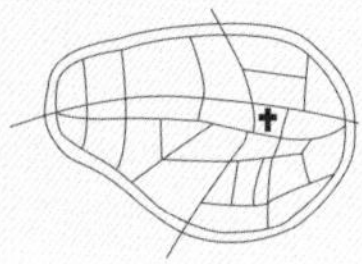		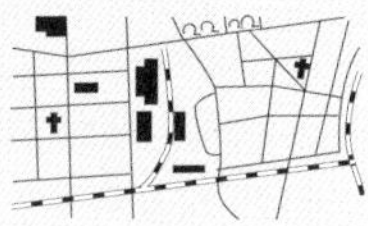
Siedlungs-mittel-punkt	• Kirche/Kloster • Burg • Marktplatz/ Rathaus	• Schloss • Residenz	• Industrieanlage • Bahnhof
Verkehrs-system	• Handelsstraßen für Fuhrwerke, ausgerichtet auf Siedlungsmittelpunkt • enge, verwinkelte Gassen für Tragtiere oder Karren	• Alleen für Karossen • planmäßige Anlage, Hauptachsen auf Residenz ausgerichtet	• Eisenbahn • rasterförmiges Straßennetz
sonstige charakte-ristische Merkmale	• Stadtmauer, meist mit Graben • Wohn- und Arbeitsstätte unter einem Dach	• geometrische Park- und Gartenanlagen • Vauban'sche Bastionen	• Mietskasernen • Villenviertel • gründerzeitlicher Geschosswohnungsbau

Etappen der Stadtentwicklung in Europa zwischen dem 8. und 19. Jahrhundert

Viele der **charakteristischen Merkmale** sind in den Städten bis heute mehr oder weniger gut sichtbar. So sind der Straßengrundriss in der Altstadt sowie der Verlauf großer Straßen häufig unverändert. Von der Stadtmauer sind dagegen häufig nur noch Reste erhalten.
Im Zuge der Industrialisierung wuchsen die Städte rasch an. Die Stadtmauer hatte ihre Schutzfunktion längst verloren und wurde abgerissen. Häufig verläuft auf ihren Fundamenten eine Ringstraße um das Altstadtzentrum bzw. laden Parkanlagen zur Erholung ein. Die Stadt dehnte sich immer weiter in ihr bisheriges Umland aus.

Gartenstädte

Anfang des 20. Jahrhunderts entwickelte sich die Idee der Gartenstadt als Reaktion auf die schlechten Wohn- und Lebensverhältnisse in den Industriestädten. An den Rändern entstanden kleinere, selbstverwaltete und grüne Stadtviertel. Aufgrund des urbanen Wachstums befinden sie sich heute meist innerhalb von Städten.

Beispiele

Dresden-Hellerau, Leipzig-Marienbrunn, Chemnitz-Gablenz

Städte nach dem Zweiten Weltkrieg

Nachdem im Zweiten Weltkrieg zahlreiche Städte in großen Teilen zerstört worden waren, erfolgte deren Wiederaufbau. Zwischen 1945 und 1990 verlief die Stadtentwicklung im geteilten Deutschland (BRD und DDR) aufgrund der vorherrschenden politischen Systeme und Eigentumsrechte unterschiedlich. In beiden Staaten ist aber für diesen Zeitraum ein Einwohner- und Flächenwachstum der meisten Städte zu verzeichnen. Straßennetz und ÖPNV wurden modernisiert.

- **Stadtzentrum:**
  Errichtung von Bürogebäuden, Einkaufszentren und Einkaufspassagen, Ausweisung von verkehrsberuhigten Fußgängerzonen
- **Stadtrand:**
  Bau von Großwohnsiedlungen bzw. Trabantenstädten mit mehreren Tausend Wohneinheiten am Stadtrand bzw. im nahen Umland, Entstehung von Gewerbegebieten

2.2 Räumlich-funktionale Gliederung

Trotz aller spezifischen Merkmale mitteleuropäischer Städte, die sich aus dem Relief, der Lage an Flüssen oder ihrer Geschichte ergeben, haben sie alle eine vergleichbare funktionale und sozioökonomische Gliederung.

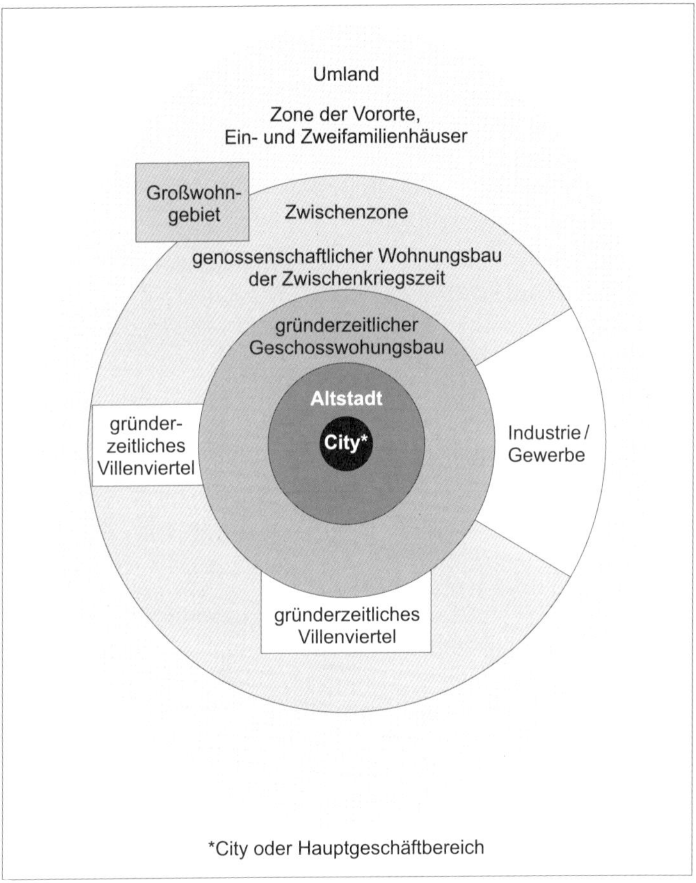

Modell der Gliederung der deutschen Stadt

Stadtzentrum (City):

- seit Mitte des 20. Jahrhunderts Verdrängung der Wohnfunktion aufgrund von steigenden Bodenpreisen,
- wichtiger Standort für den Einzelhandel und kulturelle Einrichtungen (Theater, Oper, Kino) mit verkehrsberuhigten Zonen,
- Vorherrschen von hochwertigen Dienstleistungen (Banken, Versicherungen, staatliche Einrichtungen), die von den Fühlungsvorteilen profitieren und die hohen Boden- bzw. Mietpreise aufbringen können.

Zwischenzone:
- städtischer Raum zwischen City und Umland,
- überwiegende Wohn- und Gewerbefunktion (meist entlang der Verkehrsachsen),
- Wohngebiete unterscheiden sich u. a. nach der Zeit ihrer Errichtung, der Bebauungsdichte, den Hausformen und der Ausstattung.

Umland:
- mit wachsender Entfernung vom Stadtzentrum niedrigere Miet- und Bodenpreise und zunehmende Wohnfunktion,
- Standort großer Gewerbeflächen,
- wichtige Erholungsfunktion,
- wachsender Pendlerverkehr zwischen Stadt und Umland.

TIPP In den gängigen Schulatlanten gibt es meist mehrere konkrete Beispiele von Städten, in denen die Entwicklungsetappen dargestellt sind.

2.3 Stadtentwicklungsprozesse

Städte befinden sich in einem ständigen Wandel, der sich u. a. in der Einwohnerentwicklung, den innerstädtischen Wanderungsbewegungen und im Wandel sozioökonomischer Strukturen zeigt.

Urbanisierung

Das starke Bevölkerungswachstum der Stadt im 19. Jahrhundert wurde durch das im Zuge der industriellen Revolution geschaffene Arbeitsplatzangebot ausgelöst. Neben dem Flächenwachstum erfasst der Begriff auch den Prozess der Verbreitung städtischer Lebens- und Verhaltensweisen.

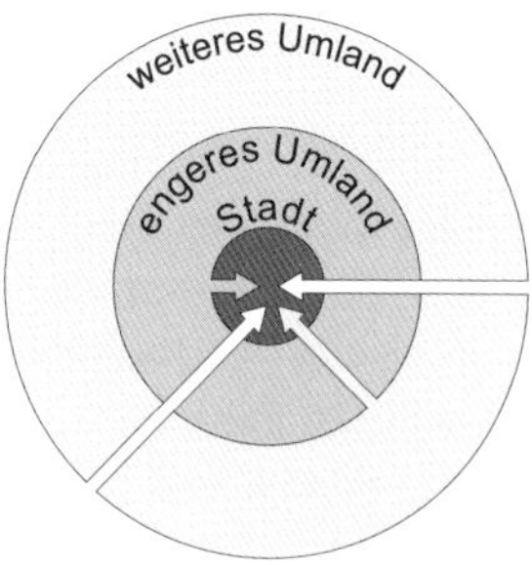

Suburbanisierung

Mit Suburbanisierung ist der Prozess der Abwanderung der Stadtbevölkerung oder des Gewerbes ins Umland gemeint. In den westlichen Bundesländern fand dies seit den 1960er-Jahren statt, in den Bundesländern der ehemaligen DDR erst mit Beginn der 1990er-Jahre, dann aber mit einer sehr hohen Dynamik.

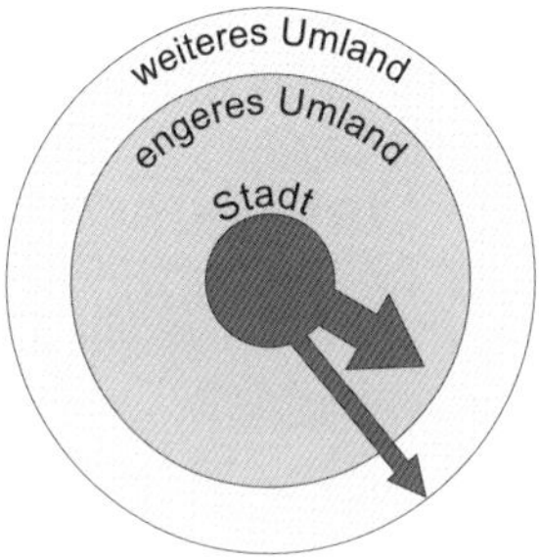

Ursachen/Motive:

- wachsender Wohlstand ermöglicht den Bau von Eigenheimen für breitere Bevölkerungsschichten,
- vergleichsweise geringere Boden- und Mietpreise im Umland,
- Bedürfnis nach naturnahem Wohnen,
- Ausbau der Infrastruktur und des ÖPNV vereinfacht das Pendeln zwischen Wohnort am Stadtrand bzw. Umland und dem Arbeitsort in der Stadt,
- ausreichendes Flächenangebot (auch für Gewerbeansiedlungen).

Folgen für die Stadt:

- Einwohnerverlust der Stadt (vor allem junger Bevölkerung) mit Rückgang an Steuereinnahmen; gleichzeitig müssen Städte Versorgungseinrichtungen (Krankenhaus, Kultureinrichtungen) und Infrastruktur weiter finanzieren,
- steigender Wohnungsleerstand in der Stadt, verbunden mit Kosten für die Aufrechterhaltung der Infrastruktur bzw. dem Rückbau von Wohngebäuden (meist mehrgeschossige Häuser).

Folgen für das Umland:

- hoher Flächenverbrauch (Bau auf der „grünen Wiese“) mit Verlust an Naturraum, landwirtschaftlicher Nutzfläche und Biodiversität,
- Überprägung der ländlichen Siedlungen (Sozialbeziehungen, Dorfbild).

Folgen für die Stadt und das Umland:

- steigender Pendlerverkehr mit daraus resultierenden Umweltproblemen bzw. Kosten für den Ausbau des ÖPNV.

Desurbanisierung

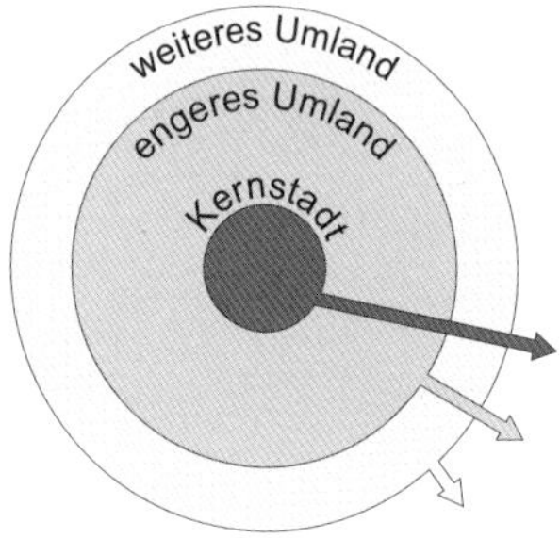

Die Desurbanisierung beschreibt den Prozess der Bevölkerungsabnahme des gesamten Agglomerationsraumes. Sie resultiert aus der Abwanderung über die Stadtregion hinaus und einer negativen natürlichen Bevölkerungsbewegung (Sterberate > Geburtenrate). Dies gilt v. a. für Städte, die vom wirtschaftlichen Strukturwandel betroffen waren bzw. sind.

Reurbanisierung

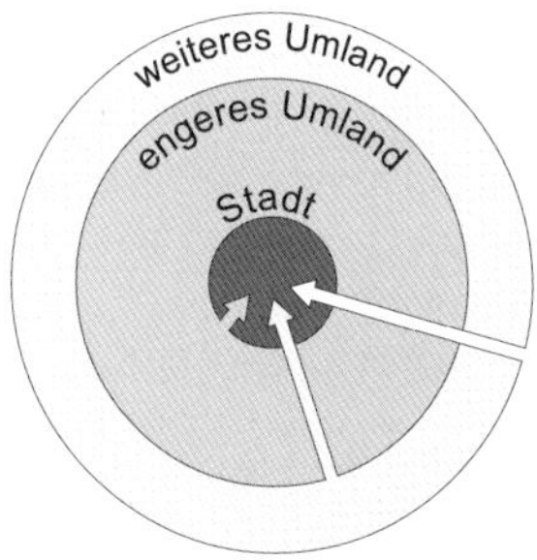

Prozesse zur Aufwertung der Stadt als Wirtschafts- und Wohnstandort führen zum verstärkten Zuzug und damit wieder zur Zunahme der Einwohnerzahl. Junge Menschen schätzen die Attraktivität der Kultureinrichtungen, die städtischen Lebensformen, die Möglichkeiten der Kreativwirtschaft. Aber auch ältere Menschen, die die längeren Pendlerbewegungen aus den suburbanen Siedlungen vermeiden wollen und für die die Konzentration an Versorgungseinrichtungen in der Kernstadt attraktiv ist, ziehen wieder zurück in die Stadt.

TIPP Im Kontext von Einwohnerentwicklungen von Städten erhalten Sie in der Abiturprüfung meist statistisches Material in Form von Tabellen oder Diagrammen. Gliedern Sie die Daten in Etappen und erläutern Sie die jeweiligen Ursachen, die zu dieser Entwicklung geführt haben.

2.4 Gentrifizierung

Im Zuge der **Suburbanisierung** kam es in zentrumsnahen Stadtquartieren (Gründerzeitvierteln), aber auch in der Zwischenzone zum Verfall der Bausubstanz. Zurück blieb die alteingesessene, meist einkommensschwache Bevölkerung. Diese Stadtviertel hatten eine hohe Attraktivität für „Pioniere" wie Kreativwirtschaftler, Studierende und auch Hausbesetzer, die die leer stehenden Häuser, niedrigpreisige Mietwohnungen oder stillgelegte Fabrikanlagen in Anspruch nahmen.
Im weiteren Verlauf kam es zur **Sanierung** und **Modernisierung** dieser Stadtviertel, entweder staatlich durch Planungsbehörden initiiert (Aufwertung innerstädtischer Wohngebiete, die der Entwertung und der sozialen Segregation entgegenwirken soll) oder durch private Investoren (Gewinnerwartung im Zuge der Reurbanisierung).
Zunehmend entstanden in diesen Quartieren hochwertige Wohnungen, die von einkommensstarken Schichten (Gentrifier) in Anspruch genommen wurden. Im Zuge des selbstverstärkenden Prozesses stiegen die Grundstücks- und Mietpreise. Die bis dahin dort lebende Bevölkerung wurde verdrängt.

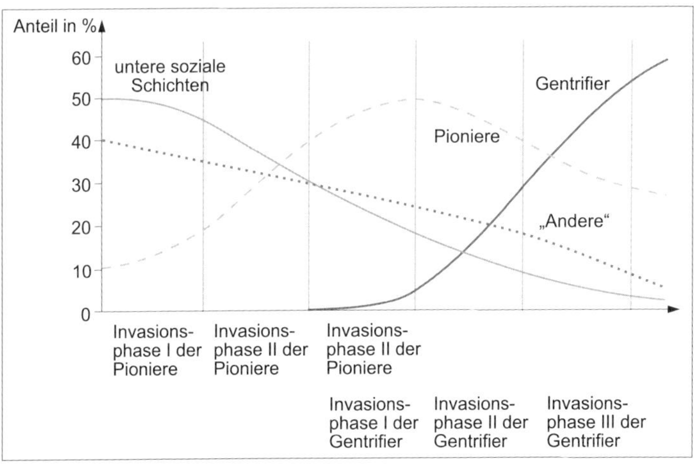

Modell der Gentrifizierung

Beispiele

Dresdner Neustadt, Leipzig-Plagwitz, Berlin Prenzlauer Berg

3 Stadt als Ökosystem

3.1 Wechselwirkungen von Geofaktoren in der Stadt

In Städten sind die Merkmale aller natürlicher Geofaktoren und deren Wechselwirkungen tiefgreifend verändert *(vgl. Abb.)*.

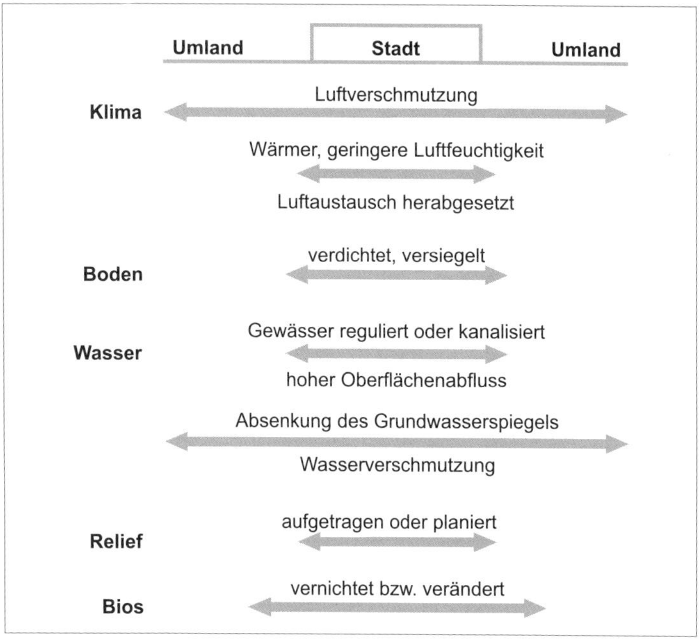

Wechselwirkungen von Geofaktoren in der Stadt

3.2 Stadt als Wärmeinsel

Im Durchschnitt ist die Lufttemperatur in städtischen Räumen höher als im angrenzenden ländlichen Raum (**Urban Heat Effect**).

Ursachen:

- Die städtische **Dunstglocke** erhöht die langwellige Gegenstrahlung und damit den Treibhauseffekt.
- Die städtischen **Baumaterialien** (Beton, Asphalt) besitzen eine hohe Wärmeleitfähigkeit und -kapazität. Sie können so schnell eine große Energiemenge aufnehmen, die in den Abend- und Nachtstunden wieder abgeben wird.
- Städte besitzen einen hohen **Versiegelungsgrad**. Oberflächenwasser wird so schnell abgeführt. Die Verdunstung ist aufgrund der fehlenden bzw. geringen Vegetationsbedeckung in der Stadt herabgesetzt. Insgesamt ist der Anteil der latenten Wärme in urbanen Räumen geringer und damit kann sich die Luft stärker erwärmen.
- Die **Temperaturen** in der Stadt sind aufgrund der zusätzlichen Energiegewinne durch Abwärme der Häuser (Heizung, Klimaanlagen) und durch den Verkehr höher.

3.3 Maßnahmen zur Verbesserung des Stadtklimas

Der **Wärmeinsel-Effekt** belastet vor allem in den Sommermonaten die Lebensqualität der städtischen Bevölkerung. Möglichkeiten, die das Stadtklima verbessern, sind unter dem Aspekt der Nachhaltigkeit zu diskutieren, z. B.:

- Entsiegelung von Flächen,
- Freilegung von Fließgewässern,
- Erhalt und Schaffung von Grünflächen,
- Dachbegrünung,
- Reduzierung des Energieverbrauchs (Hausdämmung, Umweltzonen für den Verkehr, Ausbau des ÖPNV),
- Schutz von Freiluftschneisen, die den Luftaustausch zwischen Stadt und Umland ermöglichen.

TIPP Wenn Sie Maßnahmen zur Stadtentwicklung unter dem Aspekt der Nachhaltigkeit beurteilen sollen, berücksichtigen Sie nicht nur ökologische, sondern auch wirtschaftliche und soziale Argumente. Gehen Sie zunächst auf die gegebenen Materialien ein und setzen Sie diese anschließend in den größeren Kontext.

Stichwortverzeichnis

Quellennachweis

4: TERRA GWG 5/6 Geographie Wirtschaft, Gymnasien BW, Schülerbuch, Ernst Klett Verlag, Stuttgart, 2009, S. 72;
6: Martin Meschede, Hans Murawski, Wilhelm Meyer: Geologisches Wörterbuch S. 395–401, Springer Spektrum, https://media.springernature.com/lw685/springer-static/image/chp%3A10.1007%2F978-3-662-56422-6_5/MediaObjects/271427_2_De_5_Fig5_HTML.png;
8: Lernort Geologie – Plattentektonik, S. 94, https://www.stmuv.bayern.de/themen/boden/lernort_geologie/cd/1-digitale_fassung_lernort_geologie/lernort_geologie_modul_c.pdf;
9: User:Indon/Wikipedia, CC BY-SA 3.0;
10: Wagenbreth, O. & W. Steiner (1990): Geologische Streifzüge – Landschaft und Erdgeschichte zwischen Kap Arkona und Fichtelberg, 4. unveränderte Auflage, Leipzig: Deutscher Verlag für Grundstoffindustrie, S. 5;
11: nach Paolo Billi: Landscapes and Landforms of Ethiopia, Heidelberg/Berlin 2015, S. 56;
15: Dieter Kasang: Klimageschichte Übersicht, https://wiki.bildungsserver.de/klimawandel/index.php/Datei:Klimageschichte_uebersicht.jpg;
18: Gesellschaft für Geokommunikation mbH, Köln/Geoagentur Landscape/Martin, Christiane: Lexikon der Geowissenschaften Bd. 5/2002, S. 99 © Spektrum Akademischer Verlag, Heidelberg. Spektrum Akademischer Verlag ist ein Imprint von Springer SBM;
19: nach Häckel, Hans: Meteorologie, Stuttgart 1999;
21: Haversath, J.-B.: Geographie heute, Sammelband Wetter und Klima, Seelze/Velber: Friedrich Verlag 2000;
26: Bernhard Mühr, www.klimadiagramme.de;
27: Weischet, W.: Einführung in die Allgemeine Klimatologie. Physikalische und meteorologische Grundlagen, 6. überarb. Aufl., unveränderter Nachdruck 2002, Stuttgart, Berlin: Gebrüder Bornträger;
28: Klohn, W. /Windhorst, H.-W.: Vechtaer Materialien zur Geographie 5 (Physische Geographie), 2000, S. 211 (oberer Teil); eigene Darstellung nach Bendix, J. /Lauer, W.: Klimatologie, 2. Aufl. Braunschweig: Westermann Verlag 2004, S. 239 (unterer Teil);
30: www.wetterkontor.de;
34: Daten nach Weltbank 2022;
38: Die fünf Kernbotschaften der Agenda 2030, https://www.bmz.de/de/agenda-2030;
40: Daten nach Daten nach BGR, https://www.bgr.bund.de/DE/Themen/Energie/Produkte/produkte_node.html?tab= Energiedaten;
43: Schweizerischer Verein des Gas- und Wasserfaches SVGW, Zürich;
44: Igor Shiklomanov; SHI/UNESCO World Water Resources and their use, 1999;
45: Der Wasserfußabdruck, Berliner Wasserbetriebe, https://klassewasser.de/content/language1/mobil/9202.php;
46: Daten nach Pacific Institute;
47: B. Weymer © GEOMAR Helmholtz-Zentrum für Ozeanforschung Kiel, https://www.geomar.de/news/article/suche-nach-grundwasser-im-ozean;
59: verändert nach Dt. Stiftung Weltbevölkerung (DSW), Quelle: Vereinte Nationen, World Population Prospects: The 2022 Revision;
64: Dt. Stiftung Weltbevölkerung (DSW); Quelle: Population Reference Bureau, 2021 World Population Data Sheet, www.prb.org/worldofdata;
65: © Statistisches Bundesamt (Destatis), 2020;

67: World Cities Report 2022, UN-Habitat https://unhabitat.org/wcr/ S.9, Quelle: UNDESA, 2019b = UNDESA (2019b) World Urbanization Prospects: The 2018 Revision, United Nations, New York;
75: Korby Wilfried, TERRA global – Das Jahrtausend der Städte, Stuttgart: Klett Verlag, S. 17;
77: Leibniz-Institut für Länderkunde e.V., https://archiv.nationalatlas.de/wp-content/bild/5_001_1d.jpg;
78 ff.: Urban Digital, https://urban-digital.de/wp-content/uploads/2017/09/Urbanisierungszyklen-2.0..jpg;
81: nach Dangschat, J., in: Gentrification: Die Aufwertung innenstadtnaher Wohnviertel, 1990;

Wir danken allen Rechteinhabern für die Abdruckerlaubnis.
Der Verlag hat sich bemüht, die Urheber der abgedruckten Bilder und Texte ausfindig zu machen. Wo dies nicht gelungen ist, bitten wir diese, sich ggf. an den Verlag zu wenden.